Schriften

des

Vereins für Sozialpolitik.

---

142. Band.

Untersuchungen über Preisbildung.

Abteilung B. Preisbildung für gewerbliche Erzeugnisse.

Herausgegeben von Franz Eulenburg.

Fünfter Teil.

Die Preisentwickelung in der Steinkohlengasindustrie.

Verlag von Duncker & Humblot.

München und Leipzig 1914.

Die Preisentwickelung in der Steinkohlengasindustrie.

Von

Walter le Coutre
aus Berlin.

Verlag von Duncker & Humblot.
München und Leipzig 1914.

Altenburg
Pierersche Hofbuchdruckerei
Stephan Geibel & Co.

Die Preisgestaltung in der Steinkohlengasindustrie seit 1890.

Von

Walter le Coutre.

Inhaltsverzeichnis.

§ 1. Einleitung.

Eine Untersuchung der Preisgestaltung in der Steinkohlengasindustrie bietet von verschiedenen Gesichtspunkten aus Interesse, insbesondere von den folgenden:

1. vom Standpunkt der praktischen Volkswirtschaftslehre,
2. vom Standpunkt der theoretischen Volkswirtschaftslehre,
3. vom Standpunkt der Finanzwissenschaft und Verwaltungslehre,
4. vom Standpunkt der Privatwirtschaftslehre.

Das sei im folgenden kurz näher begründet.

Vom Standpunkt der praktischen Volkswirtschaftslehre aus bietet zunächst die Gestaltung der Steinkohlengaspreise ein allgemeines Interesse, weil das Steinkohlengas für alle Kreise der Bevölkerung als besonders helles, billiges und hygienisch vorteilhaftes Beleuchtungsmittel bzw. Heizmittel in Betracht kommt. Es sei nur erinnert an die engen Beziehungen, welche zwischen Beleuchtung, Lesen und Kultur bestehen. Insbesondere hat ja mit der Erfindung des Gasglühlichtes und der Einführung der Münzgasmesser das Leuchtgas eine weitgehende soziale Bedeutung erlangt. Weiter ist hier hinzuweisen auf die Wichtigkeit, welche einer guten und billigen Beleuchtung, die ausschließlich im deutschen Lande erzeugt werden kann, im Kampfe gegen das amerikanische Petroleum zukommt. Wenn auch das Petroleum noch für lange Zeit in Deutschland ein Absatzgebiet behalten wird, weil eine völlige Versorgung mit Gas oder Elektrizität für die auf dem platten Lande wohnende Bevölkerung noch in weitem Felde liegt und weil außerdem das Bedürfnis nach einer tragbaren Lichtquelle wohl noch für lange Zeit vorhanden sein wird, so wird aber doch in denjenigen Gebieten, in denen Energiezentralen für Beleuchtungszwecke vorhanden sind, und in ihnen wohnen etwa 50 % der gesamten deutschen Bevölkerung, das Gas, wie die Erfahrung lehrt, in sehr erfolgreicher und fühlbarer Weise zur Verdrängung des Petroleums berufen sein.

Es ist nötig schon an dieser Stelle den Kampf zwischen Elektrizität und Gas zu streifen. Es wird in einem der letzten Kapitel noch auf die ökonomischen Grundlagen, auf denen sich dieser Kampf zurzeit abspielt, eingegangen werden, hier ist zu bemerken, daß, wie die Dinge zurzeit liegen, die elektrische Beleuchtung, wo nicht aus irgendwelchen Gründen (Wasserkräfte) die Elektrizität sehr billig gewonnen werden kann, das Beleuchtungsmittel der wohlhabenden Bevölkerung sein wird. Das Gaslicht wird dagegen das Licht des kleinen Mannes sein, um so mehr, als gerade in neuester Zeit Mittel und Wege gefunden sind, auch den kleinen Mann in höchst erfolgreichem Maße für den Gaskonsum heranzuziehen. Dazu tritt, daß im Gegensatz zu der Elektrizität, das Gas für Koch- und Heizzwecke sehr vorteilhaft zu verwenden ist, und daß auch kaum eine Aussicht besteht, daß in absehbarer Zeit ihm dieses Gebiet streitig gemacht werden kann.

Ein weiteres Moment von praktisch-volkswirtschaftlicher Bedeutung ist die Tatsache, daß bislang die Ausnutzung der Kohle auf dem Wege der Vergasung die bei weitem rationellste ist. Sehr wenig rationell ist die direkte Verfeuerung der Kohle im Herd oder Ofen, sie nutzt nur etwa 15 % der in ihr enthaltenen Wärmeenergie aus. Bei der Leuchtgasherstellung werden etwa 80 % der Energie gewonnen, von denen bei der weiteren Verwertung rund 95—100 % bei der Beleuchtung und etwa 50—60 % beim Kochen und Heizen ausgenutzt werden.

Schließlich mag hier noch erwähnt sein, daß in den letzten Jahren analog den Überlandzentralen Ferngasleitungen gebaut sind, welche nunmehr auch gestatten, die bei der Kokserzeugung gewonnenen bisher teilweise überschüssigen Gasmengen rationell zu verwerten. Es ist einleuchtend, daß dieses Gas verhältnismäßig billig abgegeben werden kann, was, da es wie das Leuchtgas ohne weiteres vom Konsumenten verbraucht werden kann, einerseits zu einer Ersparnis an Kohlen beiträgt, andererseits aber auch für die Konsumenten eine Verbilligung ihres Gasbedarfs zur Folge hat.

Endlich ist die Untersuchung der Preisgestaltung des Steinkohlengases eine solche, welche in verschiedene Gebiete des praktischen Wirtschaftslebens eingreift. Die Gasindustrie ist ein bedeutender Zweig des deutschen Wirtschaftslebens, und es wird von Interesse sein, über viele einzelne Fragen, welche, obwohl es sich in der Hauptsache um Gemeindebetriebe handelt, doch in gleicher Weise auch für die Privatindustrie gelten, Näheres zu erfahren. Es mag hier hingewiesen sein auf die Preisgestaltung der Kohle und die wirtschaftliche Nutzbarmachung technischer Erfindungen. Gerade dieses letztere Moment darf wohl auch ein allgemeines Interesse beanspruchen; bietet es doch einen Beitrag zu der Frage, inwieweit und mit welcher Wirkung technische Neuerungen eingeführt werden, und wie diese insbesondere auf den Ersatz menschlicher Arbeitskraft einwirken.

Vom wirtschaftstheoretischen Standpunkte aus bieten die Steinkohlengaspreise ein Interesse, weil sie einmal einen Beitrag zur Theorie der zusammenhängenden Preise liefern und weil ferner eine solche Untersuchung einen Einblick in die Berechnung und das Zustandekommen von Tarifpreisen bei Gemeinden gewährt. Endlich wird sich aus dem folgenden Material auch einiges über die individuelle Seite der Preisfestsetzung und der Preisbewilligung erkennen lassen.

Vom finanzwissenschaftlichen Standpunkt ebenso wie vom verwaltungstechnischen Standpunkt aus bietet die Untersuchung ein Interesse, weil in den letzten Jahrzehnten die Gemeinden zum großen Teil dazu übergegangen sind, Gaswerke selbständig zu betreiben. Maßgebend war hauptsächlich dafür, daß die Gaswerke durchgehend, soweit es sich um größere Gemeinden handelt, einen sehr hohen Gewinn abwarfen, der in dem Etat der Gemeinde eine bedeutende Rolle spielt. Dazu tritt aber, daß gerade entgegen der üblichen Anschauung, die Gaswerke, wie sich aus der folgenden Untersuchung zeigen dürfte, durchaus nicht solche Werke sind, welche rein verwaltungsmäßig durch Beamte und durch erlassene Vorschriften geführt werden können; vielmehr sind es Werke, die wie andere industrielle Betriebe auch durchaus eine kaufmännische Führung verlangen.

Endlich ist noch auf die Stellung dieser Untersuchung zur Privatwirtschaftslehre einzugehen. Es wurde bereits in dem Prospekt des Vereins für Sozialpolitik, in welchem die Richtlinien für die Untersuchung allgemein festgelegt wurden, betont, daß die Untersuchung über die Preisgestaltung sich durchaus nicht auf die im Markte erzielten Preise beschränken dürfe, daß vielmehr auch ein besonderes Gewicht auf die Selbstkostengestaltung zu legen sei. Das ist richtig; denn das Preisproblem erschöpft sich für den Verkäufer durchaus nicht im Verkaufserlös, wichtig ist für ihn die Spannung zwischen Selbstkosten und Verkaufserlös. Mit dieser Untersuchung wird dann aber das gesamte Leben der einzelnen Wirtschaft einbezogen und eine Darstellung dieser ist Gegenstand der Privatwirtschaftslehre. Gegenwärtig steht die Diskussion über die Frage, ob die Privatwirtschaftslehre eine selbständige Disziplin sei, im Vordergrunde des Interesses. Der Verfasser [1] hat an anderer Stelle zu dieser Frage

[1] Schärs volkswirtschaftliche Theorie der Handelswissenschaften. Zeitschr. f. Handelswissensch. u. Handelspraxis. 4. Jahrg. S. 275.

Stellung genommen. Er kam dabei zu dem Resultat, daß die Privatwirtschaftslehre, soweit sie selbständige Disziplin gegenüber der Nationalökonomie sei, mit dieser zwei parallele Zweige der Wirtschaftswissenschaft bilde. Die Privatwirtschaftslehre behandelt das interne Leben der Wirtschaft und die Volkswirtschaftslehre das externe Leben. Im Grunde genommen ist das aber schließlich nur eine Methodenfrage, deren Zweckmäßigkeit jedoch zu bejahen sein dürfte.

Es ist die Aufgabe der Privatwirtschaftslehre, darzustellen, wie die einzelne Wirtschaft bestrebt ist, das wirtschaftliche Prinzip in ihrem Betriebe zu verwirklichen. Dabei ist zu zeigen, wie sie sowohl auf die Anregungen, die sich aus dem eigenen Betriebe ergeben wie diejenigen, die ihr von außen durch die übrigen Wirtschaften zukommen, reagiert. Die Privatwirtschaftslehre geht aber noch einen Schritt weiter. Sie untersucht auch die Eigenarten bestimmter Branchen, insbesondere die Frage, inwieweit sich die einzelne Wirtschaft der Eigenart ihrer Branche durch entsprechende Maßnahmen für die Verwirklichung des wirtschaftlichen Prinzips anpaßt.

Für die Gasindustrie hat daher die Untersuchung in privatwirtschaftlicher Beziehung zu zeigen, in welcher Weise die einzelnen Gaswerke das Prinzip der Wirtschaftlichkeit verwirklichen und insbesondere in welcher Weise die Eigenarten des wirtschaftlichen Betriebes durch die Sonderheiten des technischen Betriebes bedingt werden, d. h. es wird bei der Untersuchung jeweils hervorzuheben sein, welche Momente technischer, wirtschaftlicher oder allgemeiner Art von maßgebendem Einflusse auf die Entwicklung und Gestaltung der Rentabilität wie die Einrichtung des ganzen Betriebes sind. In diesem Sinne ist die Arbeit eine privatwirtschaftliche.

Anhang.

Bemerkungen zu Material und Methode.

Über die Entwicklung der Gasindustrie liegt ein sehr umfangreiches Zahlenmaterial vor, das aber zum großen Teil technischer Natur und sehr einseitig ist und vor allem in keiner Weise systematisch veröffentlicht wird. Die einzelnen Gaswerke geben regelmäßig in ihren Jahresberichten und mitunter auch in sonstigen Mitteilungen einzelne Zahlen über Gesamtgasproduktion, Gasverbrauch, Gas-, Koks-, Ammoniak- und Teerausbeute pro Gewichtseinheit Kohle, Länge des Rohrnetzes usw. bekannt. Wenig Material dagegen wird veröffentlicht über die Gestaltung der Selbstkosten, über die Anteile der einzelnen Selbstkostenfaktoren, über Kohlenpreise, Arbeitslöhne usw. Die einzelnen Jahresberichte sind an sich schwer zugänglich, jedoch wird alles, was irgend von Interesse ist, in dem Journal für Gasbeleuchtung und Wasserversorgung veröffentlicht. Dieses, im folgenden immer J. G. W. abgekürzt, ist das offizielle Organ des Vereins deutscher Gas- und Wasserfachmänner, dem die meisten deutschen Gaswerke bzw. ihre Leiter angehören. Wertvoller sind Aufsätze dieser Zeitschrift, in welchen die Entwicklung einzelner Gaswerke geschildert wird und welchen vielfach einige historische Daten beigegeben werden; sie sind freilich meistens spärlich, weil den betreffenden Referenten selbst wenig Material zur Verfügung steht. Wertvoll sind ferner auch die Berichte einzelner Betriebsleiter über neue Betriebsanlagen, Versuchsresultate usw. Aber wie gesagt, ist es leider nicht möglich, dieselben auch nur einigermaßen systematisch zusammenstellen zu können.

Die technischen Ergebnisse der Gasproduktion werden in der vom Verein der Gas- und Wasserfachmänner herausgegebenen statistischen Zusammenstellung der Betriebsergebnisse veröffentlicht. Dieses Material ist rein technischer Natur. Es bringt Angaben über die Gasproduktion und ihre Verteilung, über Ausbeuteziffern, Ofensysteme, Länge des Rohrnetzes, Flammenzahl usw., dagegen nichts über die eigentlichen Selbstkosten. Das Material ist in den letzten zwei Jahren nahezu verdoppelt worden; wurden früher etwa 250 Gaswerke einbezogen, so sind es neuerdings etwa 450. Das Material, das hier veröffentlicht wird, obgleich es nur ein Drittel der bestehenden Werke umfaßt, wird wohl als ein maßgebendes anzusehen sein, da ihm fast alle größeren Werke angehören.

Auf Veranlassung des Vereins der Gas- und Wasserfachmänner wurde im Jahre 1909 eine interne Statistik aufgestellt, welche die Aufgabe hatte, die wirtschaftlichen Verhältnisse der einzelnen Gaswerke festzustellen. Die Statistik wurde aufgestellt durch besondere, an jedes Werk versandte Fragebogen. Die Resultate sind zum Teil in den Verhandlungen des Vereins der Gas- und Wasserfachmänner im Jahre 1912, die regelmäßig in Buchform veröffentlicht werden, bekanntgegeben. Bei der Statistik ist, wie von dem Verein selbst betont wird, verhältnismäßig wenig Brauchbares herausgekommen, teils weil das Material für allgemeine Resultate zu wenig ausreichend, teils weil viele Werke die Beteiligung überhaupt oder die Beantwortung einzelner Fragen abgelehnt haben. So sehr auch in den Kreisen der Gaswerke die Notwendigkeit einer exakten Statistik der einzelnen Wirtschaftswerte anerkannt wird, so sehr fürchtet man sich doch, im einzelnen die wirklichen Werte bekanntzugeben. Immerhin hat trotzdem auch diese Statistik mancherlei wertvolles Material ergeben, auf das an geeigneter Stelle hingewiesen worden ist. Neuerdings werden regelmäßige Statistiken über Gasproduktion und Gasabsatz (Anschlüsse, Münzgasmesser) von der Zentrale für Gasverwertung, Berlin, aufgestellt und im J. G. W. veröffentlicht. Neben diesen regelmäßigen Statistiken veranstaltet die Zentrale für Gasverwertung noch häufig einmalige Feststellungen für einzelne Fragen.

Ferner werden regelmäßige Statistiken auf Grund besonderer Enqueten veröffentlicht in dem Kommunalen Jahrbuch. Diese Statistik versucht vor allem auch über das investierte Kapital sowie über die Selbstkosten Angaben zu beschaffen, was ihr auch bisher gelungen ist. Besonders wertvoll ist das Material, da es sich über alle Betriebsgrößen erstreckt, andererseits ist es leider nicht genug spezialisiert. Eine Kritik des Materials wird an späterer Stelle bei seiner Benutzung gegeben.

Gutes übersichtliches Material enthält auch das Statistische Jahrbuch deutscher Städte, allerdings ist es teilweise eine verkürzte Wiedergabe der obengenannten statistischen Zusammenstellung der Betriebsergebnisse des Vereins der Gas- und Wasserfachmänner.

Eine weitere Quelle ist die von dem Reichsamt für Arbeiterstatistik für die Jahre 1902 und 1907 aufgenommene Statistik über die Lage der Gemeindearbeiter in Deutschland, welche gerade über die Gaswerke recht interessantes Material aufgebracht hat.

Weiter wurde verschiedenes Material gelegentlich verschiedener Arbeiten von einzelnen Autoren auf Grund besonderer Enqueten beschafft bzw. durch Studium besonderer Geschäftsberichte und Jahresberichte ermittelt. Auch diese Ergebnisse wurden verarbeitet[1].

Endlich sind dem Verfasser von der Zentrale für Gasverwertung noch einige spezielle Angaben gemacht worden. Von der Aufstellung besonderer Enqueten wurde Abstand genommen, da ihr Resultat von vornherein als ziemlich aussichtslos angenommen werden mußte. Es stand nicht zu erwarten, daß die einzelnen Gaswerke, die doch meistens in städtischem Besitz sind, für eine private Untersuchung sich der Mühe unterziehen würden,

---

[1] Von der Buchliteratur, die besonders verwendet wurde, seien hier angeführt:

1. Geitmann, Die wirtschaftliche Bedeutung der deutschen Gaswerke. München 1910.
2. Schnabel-Kühn, Die Steinkohlengasindustrie in Deutschland in ihrer Bedeutung für die Volkswirtschaft und das moderne Städteleben. München 1910.
3. Schriften des Vereins für Sozialpolitik. Bd. 128, Gemeindebetriebe. Leipzig 1908.

Die sonst benutzte Literatur wurde im Text genau zitiert.

besonderes Material zusammenzustellen. Man darf wohl auch sagen, daß ihnen das vielfach auf Grund der herrschenden Buchungs- und Verrechnungsmethoden nicht möglich ist und daß auch darauf vielfach die bisherige mangelhafte Statistik über die wirtschaftliche Seite des Gaswerksbetriebes beruht.

So kommt es auch, daß vielfach das gegebene Material nicht bis auf das letzte Jahr ergänzt worden ist. Für den vorliegenden Fall ist es aber auch nicht nötig. Ich habe mich auch entsprechend den von dem Verein für Sozialpolitik gegebenen Richtlinien darauf beschränkt, nicht alles mir verfügbare Material in die Arbeit zu bringen, sondern nur dasjenige, was in besonders typischer Weise das gerade in Frage stehende Problem beleuchtet. Es genügt das für die wissenschaftliche Behandlung. Ein genaues Eingehen wäre nur von Interesse einerseits für Privatwirtschaftslehre speziell und andererseits für die beteiligten industriellen Interessentenkreise.

Ich habe mich aus diesem Grunde auch immer nur darauf beschränkt, die großen Gesichtspunkte herauszuholen und auf eine Erörterung interessanter Einzelheiten verzichtet, es mag dem Leser überlassen bleiben, hier selbst Folgerungen zu ziehen. Ebenso habe ich mich grundsätzlich darauf beschränkt, nur die wirkliche Entwicklung selbst darzustellen und die sie beeinflussenden Momente darzulegen. Ich habe absichtlich und vollständig darauf verzichtet, Folgerungen für die verschiedenen Gebiete der Volkswirtschaftslehre, welche sich aus dem Material ergeben, zu ziehen, so z. B. Folgerungen für die Theorie der Preise oder für die Stellung der Gaswerke in der Finanz- und Verwaltungswissenschaft usw.

§ 2. Orientierende Skizze der Entwicklung.

a) Die technische und wirtschaftliche Entwicklung.

Die nachfolgende Untersuchung erstreckt sich auf den Zeitraum seit 1890, weil in diesem Zeitpunkte, sowohl in technischer wie in ökonomischer Hinsicht, eine Umwälzung in der gesamten Gaserzeugung und der Gasverwendung eintritt.

Für die technische Entwicklung der Gasproduktion boten die Veranlassung die wachsende Bevölkerung, welche höhere Anforderungen an die Leistungsfähigkeit der einzelnen Gaswerke stellte und die Arbeiterfrage.

Mit dem Jahre 1890 fand der Übergang von der offenen Rostfeuerung zur Generatorfeuerung statt, was eine beträchtliche Ersparnis an Feuerungsmaterial, nämlich Koks, herbeiführte.

Die weitere Entwicklung der eigentlichen Öfen ist dann in der Folgezeit charakterisiert einerseits durch ständige Vergrößerung der Öfen, wie insbesondere auch durch eine Ausschaltung der menschlichen Arbeitskraft durch die Bewegung der Kohlen- und Koksmassen durch ihr eigenes Schwergewicht bzw. auf mechanischem Wege. Bis zum Jahre 1890 und darüber hinaus bis heute wurden wagerechte Retorten benutzt, bei welchen die zu vergasende Kohle vom Arbeiter mit der Schaufel hineingeworfen und nach erfolgter Vergasung der glühende Koks mit langen Stangen wieder herausgeholt wurde. 1896 baute der Franzose Coze Öfen, bei welchen die Retorten eine Neigung von etwa 30° bekamen und an beiden Enden Verschlußdeckel hatten. Diese Öfen stellten bereits einen großen Fortschritt dar, bis dann etwa im Jahre 1906 vertikale Retorten eingeführt wurden, welche sich fast selbständig füllen und entleeren, da die Kohlen durch ihr Schwergewicht den Ofen selbst füllen und nach Vergasung entleeren. Gleichzeitig ging man von den Retorten über zu sogenannten Großraum- oder Kammeröfen, bei welchen die Vergasung wesentlich länger dauert, was wiederum die Ausschaltung der Nachtschicht zur Folge hatte. Heute sind diese vier verschiedenen Ofensysteme sämtlich in Verwendung, wobei zu bemerken ist, daß im allgemeinen die neueren Ofensysteme infolge der Erweiterungs- und Neubauten der Gaswerke ständig mehr an Boden gewinnen.

Eine Ausschaltung der menschlichen Arbeitskraft ist weiter durch die Nutzbarmachung mechanischer Transporteinrichtungen, die rentabel heute auch schon für kleinere Gaswerke sind, erreicht. Erwähnt muß ferner hier werden, daß Mitte der neunziger Jahre den Gaswerken für die Gewinnung der Nebenprodukte Ammoniak und Teer, durch die Koksöfen eine Konkurrenz entstanden ist, welche zum großen Teil hervorgerufen wurde durch die gewaltigen Preissteigerungen auf dem Markte dieser Nebenprodukte. Diese Preissteigerung war bedingt durch das Aufblühen der Teerverwertungsindustrien, insbesondere der Anilinfarbenfabrikation. Die rapide Entwicklung der Nebenproduktengewinnung bei der Kokereiindustrie hat dazu geführt, daß die Steinkohlengaswerke bald die Führung auf dem Markte an diese abtreten mußten. Der von den Gaswerken erzeugte Koks tritt erst seit 1904 mit dem Zechenkoks in Konkurrenz, früher wurde er lediglich für Hausbrandzwecke am Orte direkt abgegeben[1].

Eingreifende technische Änderungen haben auch auf dem Gebiete der

---

[1] Die Konkurrenz erstreckt sich übrigens nur auf das Verwendungsgebiet für Zentralheizung. Für die Verhüttung von Erzen ist der Gaskoks unbrauchbar.

Gasverwendung stattgefunden. Zunächst ist als wichtigste prinzipielle Änderung hier der Übergang zur kalorischen Gasausnutzung durch die Einführung des Auerglühstrumpfes zu nennen. Auer hatte seine Erfindung bereits 1886 gemacht, aber erst 1894 konnte sie in die Praxis übergeführt werden. Bis dahin benutzte man das Gas selbst für Leuchtzwecke und hierfür war maßgebend sein Benzolgehalt, dem es seine Leuchtkraft bzw. Farbe verdankt[1]. Mit der Einführung des Auerglühstrumpfes wurde statt der Leuchtkraft die Wärmeentwicklung maßgebend.

Der Auerglühstrumpf hat eine wesentliche Verbilligung des Gasverbrauches sowohl absolut wie relativ zur Folge gehabt. Eine weitere Verbilligung trat ein mit der Einführung des hängenden Gasglühlichtes. Als wichtige technische Neuerungen sind ferner hier zu nennen die Einführung des Gasstarklichtes, das etwa im Effekt dem elektrischen Bogenlicht gleichkommt, dafür aber viel billiger ist, und die Einführung der Gasfernzündung. Neben diesen technischen Verbesserungen seien hier noch drei wirtschaftspolitische Maßnahmen erwähnt, welche dem Gase zu außerordentlicher Ausbreitung verholfen haben. Das ist zunächst, aber hinter den anderen Momenten zurücktretend, die Herabsetzung der Gaspreise. Das zweite Moment ist das Einsetzen einer intensiven, zielbewußten Propaganda, die veranlaßt wurde durch den Konkurrenzkampf mit der Elektrizität und die ganz unerwartete Erfolge zeitigte. Endlich ist als drittes Moment die Einführung von Münzgasmessern zu nennen, durch welche den Gaswerken große Konsumentenkreise neu erschlossen worden sind. Heute bewegt sich die Entwicklung der Gasindustrie in einem steigenden Ausbau dieser genannten Einrichtungen. Es ist nicht anzunehmen, daß weitere Änderungen prinzipieller Natur noch möglich sind.

b) Statistik.

Über die Entwicklung der Gasindustrie liegt ein sehr mannigfaches, aber auch sehr zerstreutes Material vor. Ich beschränke mich hier darauf, die rapide Entwicklung und den heutigen Stand der Gasproduktion und des Gasverbrauches darzustellen. Das hier gebotene Zahlenmaterial ist gleichzeitig dasjenige, das als allgemeines zur Illustration aller nachfolgenden Ausführungen dient. Das statistische Belegmaterial für einzelne Fragen wurde dagegen zu den betreffenden Textstellen gesetzt.

---

[1] Das Leuchten der Flamme wird hervorgerufen durch fein verteilte, unverbrannte Kohle, die in Weißglut kommt.

Nach Angaben von Lempelius, dem Direktor der Zentrale für Gasverwertung wohnen heute etwa 50 % der gesamten deutschen Bevölkerung in Orten, welche Gasversorgung besitzen.

Oberingenieur Othmer von der Zentrale für Gasverwertung berechnet (J. G. W. 13/725) die Deckung des deutschen Lichtbedarfes (Gas- und Elektrizität aus öffentlichen Werken) wie folgt:

Gas	63,7 %,
Elektrizität	22,0 %,
Petroleum	14,3 %.

Die Zahl der deutschen Gaswerke hat Geitmann in der folgenden Tabelle zusammengestellt:

Es bestanden an deutschen Gaswerken:

1877	481	nach Schillings Gasstatistik,
1885	688	" " "
1896	724	" " "
1899	869	" " " ergänzt von Schäfer,
1908	1647	" " " " " "

Bemerkenswert ist an dieser Tabelle zunächst die ganz bedeutende Zunahme (nahezu eine Verdoppelung) der Werke in den ersten acht Jahren dieses Jahrhunderts. Sie beruht, da fast alle Städte mit mehr als 10 000 Einwohnern bereits an der Jahrhundertwende Gaswerke besaßen, auf der sehr starken Zunahme kleiner Gaswerke. Das bestätigen z. B. die in J. G. W. 03/797 veröffentlichten folgenden Zahlen.

Es wurden gebaut:

Jahr	Steinkohlengaswerke	Azetylenwerke	Luftgaswerke	Insgesamt
1900	30	12	1	43
1901	54	10	1	65
1902	65	7	9	81
bis 1./IV. 1903	24	3	9	30

Über die allgemeine Versorgung der deutschen Städte und Landgemeinden mit Gaswerken gibt die folgende, von Mombert aufgestellte Tabelle (siehe S. 13) in den Schriften des Vereins, Band Gemeindebetriebe, Aufschluß.

Eine Bestätigung, daß eine große Zahl der bestehenden Gaswerke kleine Gaswerke sind, bietet auch die Tatsache, daß etwa 90 % der gesamten Gasproduktion von 65 % der bestehenden Gaswerke hergestellt werden.

Gemeinden mit Einwohnern	Anzahl der Gemeinden	Eine Gasanstalt besitzen überhaupt	Eine eigene Gasanstalt besitzen	Neue Anstalten sind projektiert bzw. im Bau
1. Städte				
unter 2 000	615	47	19	14
2 000— 5 000	873	306	180	24
5 000— 20 000	602	443	333	5
20 000— 50 000	134	132	112	—
50 000—100 000	44	43	32	—
über 100 000	41	41	33	—
2. Landgemeinden				
5 000—10 000	180	95	29	8
10 000—20 000	71	46	14	1
über 20 000	30	23	6	—
Zusammen	2590	1176	758	52

Von den vorgenannten Zahlen von Geitmann weicht die folgende nach den Angaben der Berufsgenossenschaft der Gas- und Wasserwerke zusammengestellte Tabelle ab. Es bestanden in Deutschland am 31. Dezember 1912:

1358	Steinkohlengaswerke,	87	Luftgaswerke,
5	Ölgaswerke,	9	Wassergaswerke,
120	Azetylenwerke,	14	Gasversorgungsanlagen.

Die Differenz gegenüber der Tabelle von Geitmann dürfte sich daraus erklären, daß die Berufsgenossenschaft nur die selbständigen Werke zählt, nicht aber die einer Versorgungsleitung angeschlossenen Verteilungsstellen einzelner Ortschaften, die doch aber wohl wirtschaftlich als selbständige Gasanstalten, besser Gasversorgungsbetriebe, anzusprechen sind. Mit großer Genauigkeit festzustellen ist die Zahl der Ferngasleitungen (Überlandzentralen). Das J. G. W. 13/202 berichtet, daß zurzeit 36 Überlandzentralen mit 105 Anschlüssen bestehen, abgesehen von einer Reihe Nachbargemeinden, die von einem größeren Gaswerk versorgt werden. Insgesamt waren bis 1912 einschließlich 393 Ortschaften mit fast 2,5 Millionen Menschen an die Gasfernleitungen angeschlossen. Der Verbrauch dieser Gemeinden betrug nahezu 125 Millionen Kubikmeter Gas jährlich [1].

[1] In diesem Jahre sind durch den Anschluß einer großen Reihe von Gemeinden diese Zahlen schon weit überholt. Nach einer Mitteilung von gut informierter Seite werden allein in Rheinland-Westfalen ca. 50 Orte mit einem Jahresbedarf von 160 000 000 cbm mit Zechengas versorgt.

Interessant ist die folgende Tabelle, welche Auskunft über die Besitzverhältnisse an den Gaswerken gibt.

Jahr	Gesamtzahl	Davon sind		Gesamtzahl	Davon sind	
		städtisch	privat		städt. %	privat %
Anfang der 60er Jahre	266	66	200	266	24,8	75,2
1877	481	220	261	481	45,7	54,3
1883	610	290	320	610	47,5	52,5
1885	668 (667)	338	329	667	50,6	49,4
1896	724 (701)	408	293	701	58,2	41,8
1899	869 (839)	469	370	839	55,9	41,1
1908	1647	1098	549	1647	66,7	33,3

Die Tabelle, welche ich dem Buche von Schnabel-Kühn auf Seite 48 entnehme, zeigt in recht deutlicher Weise den Übergang vom Privatbetrieb zum Gemeindebetrieb.

Kurve 1.

Gaserzeugung und Bevölkerung in 40 Städten.

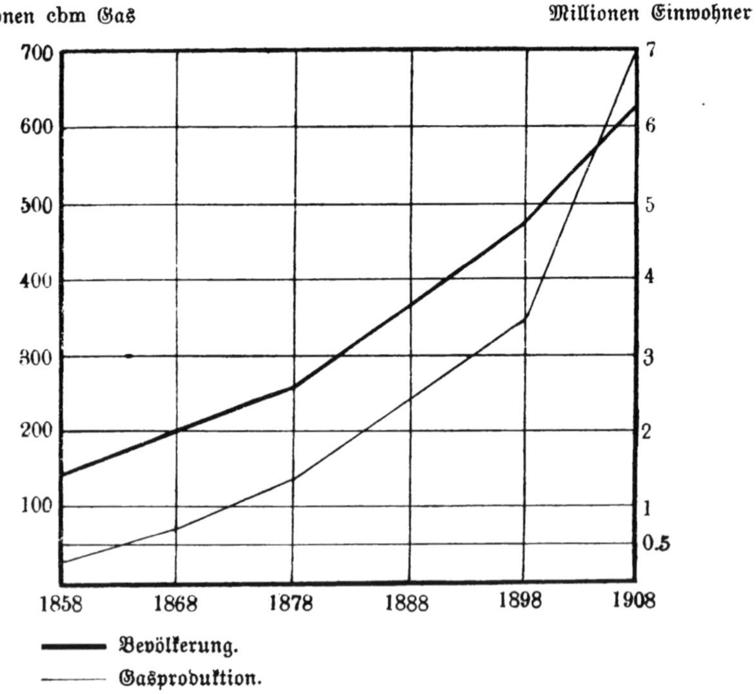

Kurve 2.

Steinkohlengaskonsum in Deutschland.

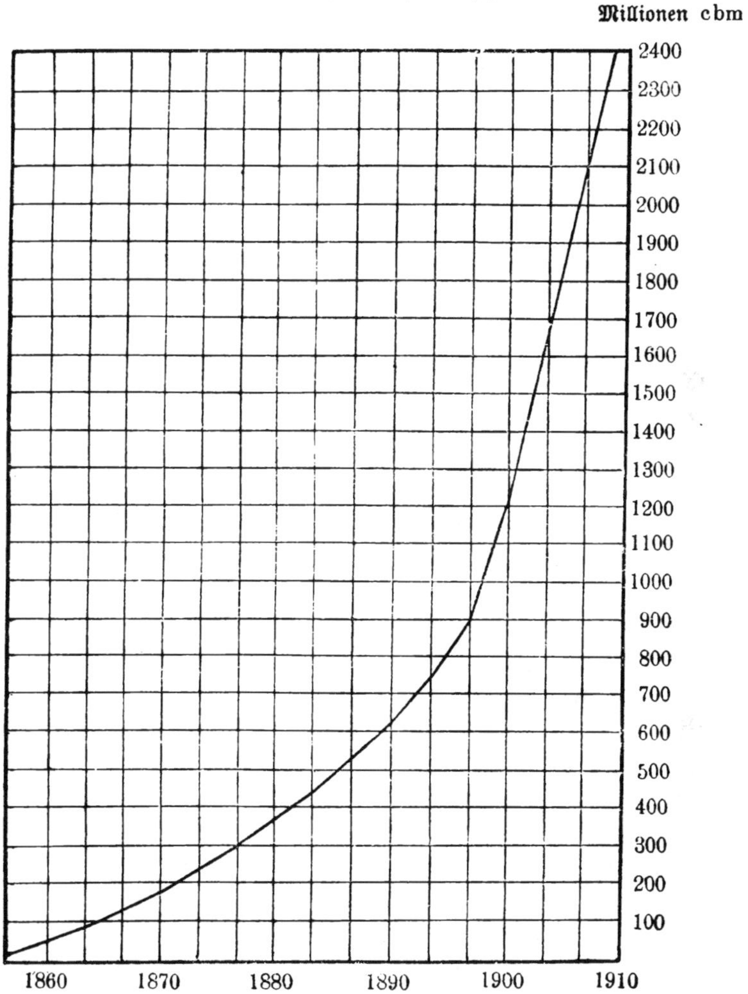

Über das in den deutschen Gaswerken investierte Kapital geben die folgenden Angaben Auskunft.

Es waren investiert:

1896	rund	500	Millionen	Mark	nach	Schäfer,
1908	„	1500	„	„	„	„
1912	„	1800	„	„	„	Lempelius.

Die Entwicklung des Gasverbrauches ist in den vorstehenden Kurven ersichtlich gemacht. Die Zahlen, die ihnen zugrunde liegen, beruhen zwar nur auf Schätzungen, doch ist es möglich, sie auf Grund des ziemlich genau ermittelten Kohlenverbrauches zu kontrollieren [1]. Ein anderer Weg der Kontrolle ist der, daß die großen deutschen Gaswerke fast sämtlich dem Verein der Gas- und Wasserfachmänner für seine Statistiken ihre Gasproduktion bekanntgeben.

Interessant ist das außerordentlich steile Steigen der Kurve seit etwa 1893, was auf den Übergang zum Kochgaskonsum und auf der Gewinnung kleiner Konsumenten beruht [2]. Auch die zweite, ebenfalls von Geitmann gezeichnete Kurve (siehe S. 15) zeigt recht deutlich die seit den neunziger Jahren infolge der eben genannten Momente stetig zunehmende Intensität des Gasverbrauches. Eine Ergänzung dieser allgemeinen Kurve mag eine Übersicht (Anhang I) bieten, welche die Produktionsentwicklung bei einer Reihe von deutschen Städten zeigt.

Es ist schwer, für die jährlichen Zunahmen der Produktion auch nur annähernd Durchschnittszahlen anzugeben. Abgesehen von einzelnen wenigen Ausnahmen, wo ein geringer Rückgang des Gasverbrauches durch Übergang zur elektrischen Beleuchtung erfolgte, z. B. in Wiesbaden, zeigen alle Werke recht beträchtliche Zunahmen pro Jahr [3]; man kann wohl sagen zirka 5—10 % der gesamten Gasmenge. Einzelne besondere Zweige der Gasabgabe zeigen jedoch wesentlich größere Zunahmen, z. B. der Verbrauch an Kochgas bzw. Automatengas, wo bei einzelnen Städten Verbrauchszunahmen bis zu 40 % festgestellt wurden.

Als interessante Ergänzung hierzu seien noch vergleichsweise einige Daten über die Entwicklung des Gaskonsums in Charlottenburg gegeben, welche ich dem J. G. W. 12/1043 entnehme. (Siehe Tabelle S. 17.)

Betrachten wir nun die Intensität des Gasverbrauches.

Schnabel-Kühn gibt nach Lempelius an, daß in Orten mit Gasversorgung etwa 30 350 000 Menschen wohnen. Der Durchschnittsverbrauch pro Kopf und Jahr beträgt in diesen Gebieten rund 67 cbm. Naturgemäß ist in den verschiedenen Verwendungsgebieten je nach dem beruf-

---

[1] Näheres siehe Othmer, Gas und Elektrizität im Lichte der Volkswirtschaft J. G. W. 13/816.

[2] Die Geitmannsche Kurve dürfte allerdings in den letzten Jahren etwas zu steil sein; sie entspricht nicht genau den sonst vorliegenden Schätzungen der Gasproduktion.

[3] Einen sehr hohen Produktionszuwachs zeigte Essen im letzten Jahre, nämlich 35 %.

Jahr	Bevölkerung im Mittel	Gasverbrauch im ganzen cbm	Gasverbrauch pro Kopf cbm	Angelegtes Kapital nach Abzug der Tilgung ℳ	Gaspreis ₰	Reingewinn ausschließlich Zinsen und Amortisation ℳ
1871	19 500	347 733	17,83	337 092,92	24	9 186
1881	31 600	1 386 705	42,30	864 192,82	18	88 513
1891	86 000	6 370 200	74,07	4 058 608,66	18	520 953
1901	191 900	25 032 400	130,45	14 110 626,54	13	365 417
1906	247 300	41 553 710	168,03	14 413 425,23	13	2 070 883
1911	312 200	57 739 088	184,94	18 650 400,96	13	3 121 446

lichen Charakter der Bevölkerung der Gaskonsum ein verschieden hoher. Der Jahresbericht des Vereins der Gas- und Wasserfachmänner für 1911 gibt folgende Tabelle.

Es betrug der Gasverbrauch im Durchschnitt

bei großen Werken (über 5 Millionen cbm) . . . . 95,6 cbm,
bei mittleren Werken . . . . 51,5 „
bei kleineren Werken (bis 1/2 Million cbm) . . . . 41,0 „

Oberingenieur Othmer gibt in seinem Aufsatze „Gas und Elektrizität im Lichte der Volkswirtschaft" im J. G. W. über den Durchschnittskonsum folgende Zahlen:

	Leuchtgas cbm	Koch- und Heizgas cbm
Landwirtschaftliche Betriebe	5	5—10
Dörfer und kleine Gemeinden	5—10	10—15
Industrielle Ortschaften	5	20—30
Große Städte	20—30	40—80[1]

Diese Durchschnittszahlen sind zur ersten Illustration recht interessant, aber bei derartig großen Gebieten, auf die sie berechnet sind, ist doch verhältnismäßig wenig mit ihnen anzufangen. Es ist natürlich, daß der Bedarf bei großen Werken, die in der Regel ja auch große Städte versorgen, ein wesentlich höherer ist als an kleinen Orten, da ebensowohl die Straßenbeleuchtung als auch der Bedarf der offenen Geschäfte, wie der

[1] Völlig anders ist die Verteilung bei den Elektrizitätswerken. Es verbrauchen von der Stromerzeugung nach Othmer

Lampen . . . . 33,3 %,
Motoren . . . . 33,3 %,
Straßenbahnen . . . . 33,3 %.

Lokale, hier zum Ausdruck kommt. Auch das längere Aufbleiben der Bevölkerung des Abends ebenso wie die große Bequemlichkeit des Gaskochens sprechen hier naturgemäß mit.

Wesentlich interessanter und brauchbarer ist bereits eine Zusammenstellung (Anhang II), in welcher die Entwicklung des Gaskonsums bei den einzelnen Städten zusammengestellt ist. In dieser Tabelle ist vor allem bemerkenswert die starke Zunahme in den letzten 10 Jahren, die eben wieder die Verwendung des Gases zum Kochen sowie die Erschließung neuer Konsumentenkreise der Bevölkerung zum Ausdruck bringt. Es sei nur der Hinweis gemacht, daß irgendwelche typische Verhältnisse sich aus der Tabelle nicht erkennen lassen. Typische Verhältnisse in der Art, daß etwa Städte ausgesprochenen industriellen Charakters einen wesentlich größeren Gaskonsum aufweisen als beispielsweise Städte mehr ländlichen Charakters. Auch die Konsumverhältnisse je nach der Produktionsgröße schwanken außerordentlich, was ebenfalls wieder erkennen läßt, daß es weniger innere als äußere Gründe sind (mangelnde Propaganda, geringe Zahl an Münzgasmessern usw.), auf welchen der verhältnismäßig geringe Konsum beruht. Wie sehr sich übrigens das Bild bei der Berechnung von Durchschnittszahlen verschiebt, das zeigt in recht deutlicher Weise ein Vergleich mit der folgenden von Schnabel-Kühn berechneten Tabelle, in welcher die Verbrauchszahlen einiger größerer Städte in England und Holland den deutschen gegenübergestellt sind.

Durchschnittlicher Privatgasverbrauch auf den Kopf der Bevölkerung.

In je 9 großen Städten Englands:
London nördlich der Themse, Glasgow, Liverpool, Manchester, Scheffield, Bradford, Leicester, Lower, Lydenham, Brighton . . . . 186 cbm,

In je 9 großen Städten Hollands:
Amsterdam, Rotterdam, Gravenhage, Utrecht, Groningen, Haarlem, Arnheim, Leiden, Nimwegen . . . 122 cbm,

In je 9 großen Städten Deutschlands:
München, Hamburg, Berlin, Chemnitz, Essen, Nürnberg, Bremen, Cöln, Stuttgart. . . . . 76 cbm.

Freilich kommt es bei dieser Übersicht ja auch nur darauf an, zu verdeutlichen, in wie hohem Maße noch der deutsche Gasverbrauch gesteigert werden kann.

Die Verteilung des Gaskonsums auf die einzelnen Verwendungszweige zeigt eine von mir an der Hand der in diesem Jahre veröffentlichten Zahlen im J. G. W. zusammengestellte Tabelle (Anhang III). Die Zahlen entsprechen im allgemeinen der vom Verein der Gas- und Wasserfachmänner veranstalteten Statistik, welche angab, daß von dem Gasabsatz entfallen:

80 % auf Private,
10 % auf die Straßenbeleuchtung,
10 % auf Beleuchtung öffentlicher Gebäude, Selbstverbrauch und Verlust.

Die Feststellung der prozentualen Anteile ist für die Betriebsführung von großer Bedeutung. Einmal sind die Preise für die einzelnen Gruppen noch meist verschiedene, außerdem zeigen sie aber auch die Belastung des Gaswerks zu den verschiedenen Tageszeiten. Eine möglichst gleichmäßige Belastung ist vorteilhafter als eine auf bestimmte Tagesstunden zusammengedrängte sehr hohe, d. h. also 50 % Leuchtgaskonsum und 50 % Koch- und Heizgasverbrauch sind vorteilhafter als 75 % Leuchtgaskonsum und 25 % Koch- und Heizgasverbrauch, obwohl der Preis für Leuchtgas ein höherer ist als der für Kochgas. Im ersteren Falle nämlich kann die Anlage gleichmäßig arbeiten, während sie im zweiten nicht voll belastet werden kann.

Die bestehenden Verhältnisse sind an sich schon sehr verschieden und sie erfahren fortdauernd durch die starke Zunahme des Konsums für Koch- und Heizzwecke weitere Verschiebungen zugunsten des letzteren.

Ein sehr interessantes Bild gerade über die Zunahme des Kochgaskonsums, der eben einen ständigen Betrieb Sommer und Winter ermöglicht und einen Ausgleichsfaktor gegen den Leuchtgasverbrauch schafft, bildet eine von Schnabel-Kühn berechnete Zusammenstellung (Anhang IV).

Ein zutreffenderes Bild würde sich bereits bieten durch die Ermittlung der Zahl der angeschlossenen Hausleitungen und der Automatenanlagen. Leider liegen hierfür nur einige wenige Daten bisher vor. Nach Lempelius (J. G. W. 13/237) beträgt der durchschnittliche Verbrauch pro Haushalt 255 cbm. Nach demselben Autor sind zurzeit 600 000 Gasautomaten installiert. Der Durchschnittsverbrauch eines solchen beträgt nach den verschiedenen Angaben der Städte zirka 180—220 cbm pro Jahr.

§ 3. Die Kohle.

Das für die Gasgewinnung hier nur in Frage kommende Rohmaterial ist die Steinkohle[1] und zwar auch hier wieder nur eine Art mit

[1] Als Rohmaterial wird in der Technik noch das zur Reinigung verwendete Raseneisenerz gezählt, das aber wegen seiner Geringfügigkeit außer Betracht bleiben kann.

bestimmten Eigenschaften, die sogenannte Gaskohle. Gaskohle liefern nur bestimmte Kohlengebiete und zwar England (Newcastle, Durham, Yorkshire), Saar- und Ruhrgebiet, Böhmen und Oberschlesien. Nicht oder nur schlecht verwendbar sind die Kohlen aus Belgien, Frankreich und den nicht genannten deutschen Kohlenbecken.

Die Gaskohlen gehören zu den Gruppen der Backkohlen, Sinterkohlen und jüngeren Sandkohlen. Diese Gruppen unterscheiden sich hinsichtlich der Gasmenge und der Gasqualität, die sie liefern, und hinsichtlich der Qualität des Kokses. Die Backkohle liefert einen geschmolzenen, aufgeblähten Koks, die Sinterkohle, wie ihr Name bereits sagt, einen nur angeschmolzenen, gesinterten Koks und die Sandkohle liefert einen gepulverten Koks.

Je nachdem die Gasgewinnung (bei den Gasanstalten) oder die Koksgewinnung (bei den Kokereien) Hauptgegenstand des Betriebes ist, verwendet man Sinterkohlen für die Gasgewinnung, Backkohlen für die Koksgewinnung. Der Anteil der Gaswerke an dem Gesamtkohlenverbrauch in Deutschland wird durch die folgende Tabelle aus dem J. G. W. 13/265 illustriert.

Der deutsche Verbrauch an Syndikatskohlen, -Koks und- Briketts des Rheinisch-Westfälischen Kohlensyndikats betrug im Jahre in 1000 t:

	1908	1909	1910	1911
	62 689	63 144	65 783	68 526
Davon entfielen auf:				
Gasanstalten	2 057	2 061	2 141	2 274
Chemische Industrie	2 144	2 094	1 979	2 022
Kokereien und Brikettfabriken	4 370	4 685	4 732	4 860
Eisen- und Metallhütten	24 397	25 268	27 932	28 250
Industrie der Steine und Erden	2 800	2 685	2 826	3 233

Allerdings ist der Anteil des Gaswerksbedarfes an den Hauptproduktionsgebieten, wie aus der folgenden Tabelle hervorgeht, ein verschiedener.

Anteil der Gasanstalten in % der Produktion:

	1904	1905	1906	1907
Ruhrkohle	3,45	3,40	3,36	?
Saarrevier	10,00	10,96	10,78	10,69

Trotzdem zeigt aber doch die obenstehende Tabelle, daß der Anteil der Gaswerke ein so geringer ist, daß sie einen Einfluß auf die Preisgestaltung im Sinne einer Preisermäßigung nicht ausüben können. Gaskohle ist in den übrigen Zweigen des Wirtschaftslebens wie jede andere Kohle verwendbar; der Bedarf der Gaswerke kann also immer nur preiserhöhend wirken, indem die Gaswerke für die für sie besonders geeignete Kohle einen Aufschlag zahlen müssen, wie es auch tatsächlich der Fall ist.

Über die Preisentwicklung der Steinkohle liegen drei Arbeiten von Hertel [1], Schulz [2] und Ebner [3] vor, denen die folgenden Tabellen entnommen sind [4].

Die allgemeine Entwicklung der Steinkohlenpreise zeigt die folgende Tabelle:

Durchschnittswerte pro Tonne à 1000 kg in ℳ.

Jahr	Ruhrrevier	Saargebiet	Oberschlesien	Niederschlesien	Hamburg
1890	7,94	10,89	5,02	7,98	15,40
1891	8,34	10,53	5,63	8,27	16,30
1892	7,35	9,97	5,64	7,86	14,80
1893	6,40	9,14	5,60	7,41	13,90
1894	6,36	8,83	5,45	7,06	13,00
1895	6,65	8,90	5,47	7,03	12,00
1896	6,77	8,99	5,50	6,99	11,80
1897	7,03	9,26	5,59	7,05	12,20
1898	7,32	9,45	5,84	7,23	12,50
1899	7,66	10,11	6,22	7,65	13,60
1900	8,53	11,64	7,43	9,19	19,10
1901	8,76	12,66	8,44	10,25	16,30
1902	8,39	11,71	7,98	9,18	14,50
1903	8,28	11,38	7,71	8,18	14,00
1904	8,25	11,63	7,48	7,99	13,20
1905	8,40	11,63	7,48	8,15	13,20
1906	8,75	11,85	7,61	8,55	13,50
1907	9,52	12,50	8,69	9,31	15,10
1908	10,07	12,77	9,37	10,56	14,90
1909	9,93	12,54	9,33	10,69	13,60

Diese Tabelle bringt recht deutlich die verschiedenen Gestehungskosten zum Ausdruck, die beeinflußt werden durch die Abbauverhältnisse, die

[1] Dr. Lothar Hertel, Preisentwicklung der unedlen Metalle und der Steinkohle seit 1850. Halle a. S. 1909.

[2] Theodor Schulz, Die Entwicklung des deutschen Steinkohlenhandels unter besonderer Berücksichtigung von Ober- und Niederschlesien. Waldenburg 1911.

[3] Ebner, Der deutsche Kohlenhandel in seiner Entwicklung von 1880 bis 1907. Leipzig 1909.

[4] Hertel hat auch im vorigen Jahre in den Schriften des Vereins eine Arbeit über die Preisentwicklung der unedlen Metalle veröffentlicht, die auch einiges Material für Steinkohlen bringt.

Durchschnitts-Gaskohlenpreise ab Zeche in t.

Jahr	Ruhr M	Saar M	Oberschlesien M	Niederschlesien M	Sachsen M
1890	14,58	14,00	9,50	13,40	11,20
1893	9,79	14,00	9,00	12,60	13,75
1894	10,50	13,50	—	—	13,75
1897	11,17	12,50	8,70	12,80	14,20
1900	12,75	13,50	11,00	17,10	19,00
1901	12,00	15,00	—	—	17,50
1903	11,75	15,00	11,50	15,00	16,50
1905	11,81	15,70	11,10	15,50	16,00
1906	12,00	15,70	11,10	15,90	16,00
1907	13,00—13,50	16,00—16,50	11,80	13,96	19,60
1908	13,00—13,50	16,50—17,00	11,80—13,75	15,25	20,20

Reichhaltigkeit der Flöze und ähnliches. Interessant ist die Preisentwicklung der englischen Kohle, die in ihren Zahlen die Bewegungen des englischen Wirtschaftslebens zeigt. Hier sei nur aufmerksam gemacht auf den durch den südafrikanischen Krieg bedingten hohen Preisstand im Jahre 1900. Auf die Einzelheiten der Kohlenpreisentwicklung kann hier nicht eingegangen werden, es sei dafür auf die genannten Arbeiten von Hertel, Schulz und Ebner verwiesen.

Hier sei nur ein Wort gesagt zu der durchgehenden Preiserhöhung im Jahre 1901. Sie wurde durch das Zusammentreffen mehrerer Momente bedingt. Als wichtigste seien genannt die angespannte geschäftliche Lage, Waggonmangel, ein sehr strenger Winter und der Bergarbeiterstreik im Ruhrgebiet Januar und Februar 1901. Die Preissteigerung griff auch auf die englische Kohle über. Der vorjährige Preis ist, wie schon eben erklärt, außer Betracht zu lassen.

Die großen Unterschiede der Gestehungskosten in den einzelnen Bezirken werden ausgeglichen durch die Aufwendungen für Frachten sowie die verschiedene Qualität der einzelnen Kohlen.

Unverkennbar ist eine Tendenz zur Preissteigerung, die allgemein für den Kohlenhandel mit der gesteigerten Nachfrage, den gestiegenen Arbeitslöhnen, den höheren sozialen Lasten und den schwieriger werdenden Abbauverhältnissen erklärt werden [1].

[1] Recht lehrreich sind hier einige Zahlen, die Schulz vergleichsweise für die Zechen Gelsenkirchen im Ruhrgebiet und Glückhilf in Niederschlesien zusammengestellt hat. Er schreibt: „Ein Vergleich zeigt vor allem aber auch die Richtigkeit meiner Behauptung, daß die Lage des niederschlesischen Reviers trotz der höheren Kohlenpreise ganz wesentlich schlechter sei als die des Ruhrreviers, denn das zu den besten

Setzt man diese Tabelle mit den vorhergehenden in Vergleich, so entspricht die Preisentwicklung der allgemeinen Tendenz, sie ist, abgesehen von den Jahren 1900 und 1901, eine ständig und gleichmäßig steigende, was mit der gleichmäßig zunehmenden Gasproduktion zusammenhängt.

Wesentlich wichtiger aber ist die in der Tabelle zum Ausdruck kommende Spannung zwischen Gaskohle und sonstiger Steinkohle. Eine von Ebner auf S. 33 seines Buches zusammengestellte Tabelle der Preise für Koks- und Gaskohlen, die im folgenden wiedergegeben wird, bestätigt diese Zahlen.

Preise für Gas- und Kokskohlen in M.

Jahr	Gaskohlen			Kokskohlen		
	Westfalen	Saar Zeche Heinitz Dechen	Oberschlesien Königin-Luise-Grube	Westfalen	Saar Zeche Altenwald	Oberschlesien Königin-Luise-Grube
1893	10,00	14,40/14,00	9,00/ 9,50	5,50	5,20/4,90	5,00/5,00
1894	10,00	14,00/14,00	9,00/ 9,50	6,00	4,90/5,10	5,00/5,00
1895	10,00	14,00/13,50	9,00/ 9,50	6,50	5,40/5,40	5,00/5,00
1896	10,00	13,50/13,50	9,00/ 9,50	6,50	5,60/6,00	5,50/5,75
1897	10,00	13,50/13,50	9,50/10,00	7,00	6,50/6,90	5,75/6,00
1898	10,00	13,50/14,00	10,00/10,90	8,00	6,90/7,20	6,00/6,30
1899	10,50	15,00/15,00	11,20/11,20	8,50	7,60/7,80	6,80/7,50
1900	11,50	16,60/16,60	12,20/12,60	10,00	9,50/9,80	7,50/8,00
1901	11,50	16,60/16,60	12,00/12,50	10,00	9,80/9,00	7,50/6,00
1902	11,50	16,60/15,90	12,00/12,00	9,50	7,30/7,30	6,00/6,00
1903	11,50	15,90/16,50	12,00/12,00	9,50	7,30/7,30	6,00/6,00
1904	11,50	16,50/16,50	12,00/12,00	9,50	7,30/6,50	6,50/6,50
1905	11,50	16,50/16,50	12,00/12,00	9,50	6,50/6,50	6,50/6,50
1906	12,00	16,50/16,60	12,50/13,00	10,50	6,80/7,80	6,80/7,80
1907	13,00	17,20/17,20	13,50	12,25	7,80/7,80	7,80/7,80

---

niederschlesischen Gruben gehörende Werk Glückhilf-Friedenshoffnung erzielte im Gegensatz zu Gelsenkirchen, das zwar über dem Durchschnitt aller Ruhrzechen steht, aber nicht zu den besten derselben gehört, bei Kohlen einen weit geringeren Bruttoüberschuß pro Tonne, nämlich:

	Glückhilf	Gelsenkirchen
1890	1,30	3,75
1895	1,14	1,88
1898	0,31	2,36
1901	2,16	3,14
1905	1,18	2,22
1907	1,23	2,57
1910	0,64	1,80

daß diese ungünstigere wirtschaftliche Lage hauptsächlich in den schwierigen Abbauverhältnissen zu suchen ist, geht klar aus einem Vergleich der Lohnzahlen hervor.

Eine Ursache hierfür ist schwer anzugeben. Auch die Tabellen lassen eine Regelmäßigkeit nicht erkennen.

Während in den drei genannten Gebieten für Gaskohle der Aufschlag nur ganz regelmäßig 3 ℳ für die Zeit von 1893—1907 betragen hat, haben die Kokskohlen an Saar und in Oberschlesien den gleichen Aufschlag erfahren, dagegen in Westfalen einen solchen von 7 ℳ, womit die der Gaskohle nahezu gleichkommen. Man wird nicht fehlgehen in der Annahme, daß es die rapide Entwicklung der Nebenproduktengewinnung in der Kokereiindustrie ist, die, wie weiter unten gezeigt wird, gerade im Dortmundbezirk stattgefunden hat, diese Steigerung veranlaßte. Im übrigen ist die Spannung zwischen Gaskohle und Kokskohle im Laufe der Jahre noch größer geworden, was auf der sehr beträchtlich gestiegenen Nachfrage nach Gaskohle beruhen dürfte.

Jedenfalls ist aber der Aufschlag für Gaskohlen gegenüber gewöhnlichen Steinkohlen, abgesehen von Westfalen, ein anscheinend unverhältnismäßig hoher, er beträgt rund 100 %.

Es ist schwer, hier die bestimmenden Gründe anzugeben. Natürlich ist, daß die von den Gaswerken verlangte Kohle, die nur in geringerem Umfange vorkommt und von besonderer Qualität ist, einen Preisaufschlag, freilich nicht in dieser Höhe, bedingt. Eine weitere Ursache wäre vielleicht nach einer dem Verfasser gewordenen persönlichen Mitteilung die Tatsache, daß die Auswertung der Kohle im Gasbetrieb eine sehr viel höhere ist als sonst.

Dabei ist andererseits aber auch zu berücksichtigen, daß gerade die Abbauverhältnisse für Gaskohle günstigere sind als für andere Kohle.

Es wurde schon betont, daß die verschiedenen Gestehungskosten der einzelnen Zechen wieder kompensiert werden durch die Fracht. In der Tat kommt den Frachtkosten eine sehr große Bedeutung für die Preisgestaltung bei dem Kohlenbezuge zu. So kommt es auch, daß gerade englische Kohle gern und in großem Umfange in den deutschen Gebieten vergast wird und überraschend weit in Deutschland eindringt. Neben dem Hauptmoment der Frachten, auf das noch weiter unten einzugehen ist,

---

Es betrug im Jahre 1910:

der Lohn pro Mann und Schicht aller Arbeiter	
bei Glückhilf	3,59 ℳ,
bei Gelsenkirchen	4,81 „
der Lohn pro Tonne abgesetzter Kohle	
bei Glückhilf	6,99 ℳ,
bei Gelsenkirchen	5,62 „

spielten für die Einführung englischer Kohle die deutschen Marktverhältnisse in organisatorischer Beziehung eine Rolle.

Öfter wird behauptet, die englische Gaskohle sei besser als die deutsche. Diese Behauptung ist verallgemeinert unzutreffend; beide Sorten sind gleichwertig [1]. Die ständig steigende Verwendung von englischen Steinkohlen zur Vergasung — heute sind etwa 29 % der in Deutschland zur Steinkohlengasgewinnung verwendeten Kohlen englischer Provenienz [2] — hatte andere Ursachen. Sie setzt in schärferer Tendenz etwa 1905 ein.

Ursache waren zunächst die hohen deutschen Kohlenpreise, denen verhältnismäßig niedrige der englischen Zechen gegenüberstanden. Diese waren begründet durch Überproduktion, geringe soziale Lasten und sehr günstige Abbauverhältnisse. Dazu trat eine mangelhafte Versorgung der Gaswerke seitens der deutschen Zechen infolge Arbeitermangels, geringerer verfügbarer Produktionsmengen durch Bildung gemischter Betriebe und durch Waggonmangel, was die Gaswerke 1907 und Frühjahr 1908 in eine sehr prekäre Lage brachte. Endlich brachten auch die sehr ungeeigneten Maßnahmen des die Kohlen verkaufenden Handelsbureaus in Saarbrücken sehr starke Mißstimmungen unter den Verwaltungen der Gaswerke hervor. Schließlich können doch gerade sie als außerordentlich regelmäßige und ständig größer werdende Abnehmer eine besondere Beachtung beanspruchen. Die schwierige Absatzgelegenheit in England hatte auch zur Folge, daß die englischen Zechenbesitzer weitgehende Garantien für die Lieferung, für die Beschaffenheit, Asche, Feuchtigkeits- und Gasgehalt eingingen, an die in früheren Jahren nicht gedacht werden konnten und die auch heute die deutschen Zechen noch nicht gewähren.

Dazu tritt nun die Frachtfrage. Nach vielen Bemühungen ist es dem Verein der Gas- und Wasserfachmänner gelungen, in den 80er Jahren eine Tarifermäßigung für die Kohlentransporte zu erlangen. Ausreichend war sie nicht. Die Kohlenfracht auf den Eisenbahnen beträgt heute pro Tonnenkilometer noch 1—2,2 ₰ und sie macht damit der einheimischen Kohle den Wettbewerb mit der englischen sehr schwer und oft unmöglich. Früher war der englische Kohlenimport auf die Gaswerke der Nordseeküste und Ostseeküste beschränkt, heute dringt er längs der Binnenwasserstraßen durch ganz Deutschland hinauf bis Stuttgart und München. Die Frachten für den Wassertransport sind natürlich nach Lage des Frachtenmarktes, der wiederum von der allgemeinen Geschäftslage wie von den Wasser-

[1] Die englische Kohle hat nur einen höheren Schwefelgehalt als die deutsche.

[2] Es waren 1896 17 %, 1905 25 %.

verhältnissen abhängt, verschiedene. Für Berlin beträgt die durchschnittliche Wasserfracht pro Tonne Kohlen von Hamburg 2,50—3,00 *M*, von Stettin 1,80—2,00 *M* und von Oberschlesien (Kosel) belief sie sich im vergangenen Jahre auf 5,80—6,00 *M*.

Welche Bedeutung den Kohlenfrachten zukommt, mögen die folgenden Beispiele zeigen.

Ein am Main liegendes Gaswerk zahlte z. B. 1909 für beste Saarkohle frei Werk 21,3 *M* pro Tonne, englische Kohlen (gleicher Qualität) konnte es dagegen schon für 15,35 *M* [1] bekommen, das macht beim Bezuge von 8000 t eine Ersparnis von 34 000 *M* = 3 % des Aktienkapitals des betreffenden Werkes.

Schnabel-Kühn schreibt auf S. 78 seines Werkes: „An der Versorgung Berlins mit Steinkohlen, an der naturgemäß auch die Gaswerke partizipieren (1907 wurden in den städtischen Anstalten 351 680 000 kg deutsche und 396 816 000 kg englische Kohlen vergast), sind hauptsächlich oberschlesische und englische Kohlen beteiligt, während die Einfuhr aus Rheinland und Westfalen (Ruhrbecken) nur gering ist. Die Zufuhr aus Niederschlesien ist in der letzten Zeit ständig zurückgegangen und die sächsische Kohle ist mit Ziffern vertreten, die kaum nennenswert sind. Die Einfuhr englischer Kohle nimmt ständig zu. Der Grund für diese Erscheinung liegt lediglich in den erheblich niedrigeren Frachten, mit denen die englischen Kohlen nach Berlin gebracht werden können. Die Fracht von der englischen Zeche nach Berlin stellt sich zurzeit auf 6,75—7,— *M*, je nach Lage der ziemlich schwankenden Seefrachten. Die Ruhrkohlenbergwerke haben dagegen von der Ruhr nach Berlin eine Fracht von mehr als 10,50 *M* zu zahlen. Wird die Ruhrkohle auf der Eisenbahn bis Hamburg und von dort per Schiff nach Berlin befördert, so ermäßigt sich die Fracht auf 8,70 *M*. Sie ist demnach auch noch um rund 1,75 *M* höher als die Fracht der englischen Kohle nach der Reichshauptstadt. . . . Ähnlich liegen die Verhältnisse — wenn auch nicht ganz so ungünstig — bei der oberschlesischen Kohle, so daß auch diese den Wettbewerb der englischen Kohle auf dem Berliner Markte nicht erfolgreich schlagen konnte. Wenn man die Tonne englische Kohle im Durchschnitt auf 12,— *M* frei Hamburg veranschlagt, so machen die 1908 eingeführten 1 558 000 t englischer Steinkohlen einen Betrag von rund 19 000 000 *M* aus, durch den Berlin sich dem englischen Nachbar tributpflichtig machte."

Allerdings schwanken auch die englischen Kohlenfrachten sehr bedeutend und machen damit den Bezug englischer Kohle noch ein ganz Teil spekulativer. Nach einer Mitteilung im J. G. W. betrugen durchschnittlich die Kohlenfrachten von England (Tyne bis Hamburg):

1900	ca. 4 sh 9 d
1901	„ 4 „
1902	„ 3 „ 9 „

[1] Frei Schiff. Zu dem Preise von 15,35 *M* pro Tonne kommt noch hinzu die Hafengebühr, der Abtragelohn und der Fuhrlohn. Werden diese Unkosten noch hinzugerechnet, dann ergibt sich bei 8000 t eine Minderausgabe von rund 34 000 *M*.

bei Ladungen von 1500—2000 t. Sie stiegen 1900 jedoch bis 6 sh 6 d.

In welchem Umfange die englischen Kohlen den Gasmarkt beherrschen, das zeigen recht deutlich die nachfolgenden Ausführungen, welche dem Jahresbericht des Vereins der Gas- und Wasserfachmänner für 1910/11 entnommen sind. Es heißt dort:

„70 % der verbrauchten Gaskohlen sind deutschen Ursprungs, 29,7 % wurden im Betriebsjahr 1908/09 aus England eingeführt, 0,3 % verteilten sich auf die verschiedenen anderen außerdeutschen Kohlenvorkommen, darunter böhmische, russische und australische Kohlen.

Die absoluten Mengen lassen sich hier nur aus den Prozentzahlen ableiten, die sich aus den Angaben der immerhin überwiegenden Mehrheit der bedeutenden Werke ergeben. Man macht wohl keinen merklichen Fehler, wenn man die für die großen und mittleren Werke ermittelten Zahlen auch für den Rest der kleinen anwendet, die sich erfahrungsgemäß den Gepflogenheiten benachbarter größerer Werke anschließen.

In verschiedenen Teilen des Reiches ist das Verhältnis zwischen deutschen und englischen Kohlen verschieden und im allgemeinen durch die Frachtverhältnisse reguliert. Stellt man die Gaswerke wieder nach den Sektionen der Berufsgenossenschaften zusammen, so erhält man in dieser Beziehung recht interessante Einblicke.“

	Sektion	Verbraucht englische Kohlen %
I.	Provinz Brandenburg	62,5
II.	Ostpreußen, Westpreußen, Pommern, Posen	63,8
III.	Schlesien	—
IV.	Königreich Sachsen	3,9
V.	Provinz Sachsen und thüringische Staaten	37,6
VI.	Provinz und Großherzogtum Hessen und Rheinpfalz	9,9
VII.	Königreich Bayern	5,1
VIII.	Württemberg, Baden, Elsaß-Lothringen	15,7
IX.	Rheinland und Westfalen	0,4
X.	Hannover, Oldenburg, Braunschweig, Bremen	41,8
XI.	Schleswig-Holstein, Mecklenburg, Hamburg, Lübeck	73,4

Wenn trotzdem die Versorgung mit Kohlen aus England nicht noch weitere Fortschritte gemacht hat, so liegt das daran, daß man sich hinsichtlich des Kohlenbedarfes nicht ganz oder auch nur in erheblichem Umfange vom Auslande abhängig machen will, wozu naturgemäß tritt, daß in solchen Fällen die deutschen Zechen überhaupt nicht oder nur zu sehr teuren Preisen liefern würden. Außerdem ist diese ganze Versorgung aber auch von den Wasserverhältnissen abhängig, sehr trockene Sommermonate ebenso wie strenge Winter machen die Zufuhr unmöglich und vielfach findet sich in den Jahresberichten der Gaswerke die Mitteilung, daß der Ertrag um Tausende von Mark geringer als im Vorjahr sei, weil es nicht möglich war, den Kohlenbedarf auf dem Wasserwege zu decken. Es liegt nun nahe, in den Zeiten günstiger Wasserverhältnisse den Kohlenvorrat für die folgenden Monate heranzuschaffen, um so die billige Frachtlage auszunutzen. Außerdem wäre es möglich, in Zeiten günstiger Konjunktur die niedrigen Preise auszunützen. Indessen ist die Lösung dieser Frage technisch wie wirtschaftlich schwer durchführbar. Die Lagerung großer Kohlenmassen erfordert die Investierung beträchtlicher Mittel, großer Flächen und viel Erfahrung wegen der leichten Entzündbarkeit durch Selbsterwärmung. Dazu tritt, daß die Lagerung der Kohle im Freien der Qualität schadet. Der Bau entsprechend geräumiger Lagerhäuser ist wiederum aber sehr kostspielig.

Diese Fragen hat neuerdings Oberingenieur Nübling in einem sehr interessanten Aufsatz im J. G. W. 13/1193 „Über Kohlenlagerung und ihre Kosten" behandelt. Er kommt zu folgenden Zahlen. Es betragen zum Beispiel die Lagerkosten in Stuttgart pro Kubikmeter für

gedeckte Schuppen einschl. Förderanlagen	1,22 ℳ,
Freilager einschl. Förderanlagen	0,546 ℳ,
Unterschied zugunsten des Freilagers	0,674 ℳ.

Bei der Freilagerung erleidet die Kohle einen Verlust an Gasausbeute und erfordert außerdem mehr Unterfeuerungsmaterial. Der Gasausbeuteverlust schwankt bei den einzelnen Kohlensorten. Er beträgt nach Prenger:

bei Saarkohlen	1,7 %,
bei Ruhrkohlen	3,3 %,
bei englischen Kohlen	3,0 %.

Ebenso schwankt der Aufwand für Unterfeuerung.

Nübling hat einige interessante Kostenbeispiele zusammengestellt, die ich hier folgen lasse:

45 ₰ bei { 2 % Ausbeuteverlust, 5 % Mehrverbrauch an Unterfeuerung;

58 ₰ bei { 2 % Ausbeuteverlust, 10 % Mehrverbrauch an Unterfeuerung;

53 ₰ bei { 2½ % Ausbeuteverlust, 5 % Mehrverbrauch an Unterfeuerung;

66 ₰ bei { 2½ % Ausbeuteverlust, 10 % Mehrverbrauch an Unterfeuerung;

61 ₰ bei { 3 % Ausbeuteverlust, 5 % Mehrverbrauch an Unterfeuerung;

74 ₰ bei { 3 % Ausbeuteverlust, 10 % Mehrverbrauch an Unterfeuerung.

Rübling selbst betont, daß bisher noch zu wenig Erfahrungsmaterial vorliege, um allgemeine Schlüsse ziehen zu können. Immerhin ergibt sich die Tatsache, daß doch auf diesem Wege Ersparnisse erzielt werden können.

Die verschiedene Ausnutzbarkeit der Frachten wie überhaupt ihr Einfluß auf die Preisgestaltung der geringwertigen Kohlen bringt es mit sich, daß die Aufwendungen der einzelnen Werke für die Kohlen eine sehr verschiedene Höhe spielen und es auch möglich machen, daß die an Wasserstraßen gelegenen Werke günstiger gestellt sind als die anderen. Dazu tritt dann als weiteres Moment die Verschiedenartigkeit der Preise, die das einzelne Werk anlegen muß. Wie sich die Preise mit der Betriebsgröße der Werke ändern, wird weiter unten gezeigt.

Sind also an sich die Verhältnisse auch für jedes Werk verschieden und durch die Frachten mit zunehmender Entfernung von der Grube und von den Wasserstraßen ungünstiger, so gilt doch für alle Werke, daß seit 1890 eine sehr bedeutende Steigerung der Kohlenpreise eingetreten ist und daß diese Preiserhöhungen teilweise auch recht empfindlich für das einzelne Werk werden. Diese letztere Behauptung sei noch durch einige Zahlenbeispiele belegt. Lübeck berichtete für das Jahr 1900, daß die Ausgaben für Kohlen im Betrage von 308 059,35 *M* wesentlich höher als in früheren Jahren seien. Die durch höhere Kohlenpreise bedingte Mehrausgabe betrug 97 116,52 *M*.

Nach dem Jahresbericht kosteten:

	1900	1899
100 kg englische Gaskohle . . .	2,066 *M*	1,546 *M*
„ „ westfälische Kanneelkohle .	3,344 „	2,320 „
„ „ englische „ .	3,693 „	—

Das sind aber Preissteigerungen von etwa 33 % in einem Jahr, gewiß eine sehr große Differenz.

Neumünster schreibt im Bericht für 1912/13 J. G. W. 13/80, daß die Aussichten für das laufende Etatsjahr nicht so günstig seien, da allein schon durch die Erhöhung der Kohlenpreise eine Mehrausgabe von ca. 60 000 *M* entstehe.

Zeigen diese Beispiele in recht deutlicher Weise den weittragenden Einfluß der Kohlenpreisänderungen (verstärkt durch ungünstige Wasserfrachtverhältnisse) und damit die spekulative Seite des Gaswerksbetriebes, so ist doch auch darauf hinzuweisen, daß oft auch der steigenden Aufwendung für Kohlen auch ein steigender Erlös für das Nebenprodukt, Koks, parallel geht. Das ist verständlich, weil in Zeiten von Kohlenknappheit infolge Streik, Waggonmangel, Kälte Hausbrand wie Industrie jeden Brennstoff zu guten Preisen aufnehmen.

So berichtet Berlin für das Betriebsjahr 1900/01, daß die Ausgaben für Kohle (12 092 000 ℳ) um 1 922 000 ℳ gestiegen seien, daß diese Mehrausgaben aber reichlich gedeckt seien durch einen Mehrerlös für die Nebenprodukte in Höhe von 2 012 000 ℳ. Den Hauptanteil daran hatte der Koks, der allein eine Mehreinnahme von 1 811 000 ℳ erbrachte (8 130 000 ℳ gegen 6 811 000 ℳ).

Es bleibt endlich noch kurz auf die Preisgestaltung der Kohle durch ihre Qualität etwas näher einzugehen. Das ist ein Gebiet, das bisher von den Gaswerken noch nicht begangen ist, aber doch in den letzten Jahren bei der zunehmenden Kohlenteuerung erörtert wird. Die Erfahrung hat gezeigt, daß die verschiedenen Kohlensorten an sich, wie auch die einzelnen Kohlensorten zu verschiedenen Zeiten, ganz verschiedene Gasausbeuten liefern. Ja, es wird sogar behauptet, daß die Qualität der Kohle in den letzten Jahren beträchtlich zurückgegangen sei. Die Gasausbeute hängt naturgemäß auch von der Ofenkonstruktion ab. Während die alten Horizontalretorten etwa 300 cbm ergeben, sollen die Vertikalretorten bis etwa 375 cbm ergeben, also rund 25 % mehr, was also eine bedeutende Ersparnis bedeutet, aber eben nur den großen erweiterten Werken zugute kommt.

Vertikal- und Kammeröfen ergeben bessere Ausbeuten als die älteren Systeme, vgl. S. 36, aber auch vergleichende Versuche mit demselben Ofen haben doch gezeigt, daß die Kohle in ihrer Qualität Schwankungen unterliegt, und zwar sehr großen. So hat z. B. Köslin des öfteren Gasausbeuten von 20—23 cbm, während das Normale etwa 30—32 cbm sind; häufig werden sogar bis 36 cbm Gas gewonnen.

Die Tatsache, daß die einzelnen, auch kleinen Werke tatsächlich sehr verschiedene und abweichende Resultate erzielen, beweist, daß eben die Qualität der Kohle eine sehr verschiedene ist.

Insbesondere wird nun in letzter Zeit die Einräumung bestimmter Garantien für die Qualität verlangt. Angesichts der großen Schwankungen der Ausbeuten, wie wir sie eben kennen gelernt haben, wird dieses Verlangen gerade bei den Gaswerken als durchaus berechtigt anzusehen sein. Trotzdem haben es die Kohlenzechen bisher verstanden, sich jeder Garantieleistung zu entziehen. Ebner (S. 4) sagt dazu:

„Trotz der großen Zahl der verschiedenen Kohlensorten besteht aber im Handel stets noch eine gewisse Unsicherheit, ob der Käufer, der eine bestimmte Kohle in angegebener Sortierung bestellt, dauernd eine gleiche Qualität erhält, da die Kohlen, selbst der gleichen Grube, bisweilen sehr verschiedene Heizwerte haben.

Durch zahlreiche Analysen ist festgestellt worden, daß die Qualitäten derselben Sorte in den letzten Jahren erheblich zurückgegangen sind. Dadurch wird die finanzielle Belastung eines Beziehers großer Mengen, für die ein gleichbleibender oder gar ein steigender Preis zu zahlen ist, zu einer ganz erheblichen. Es hat deshalb nicht an Vorschlägen gefehlt, den Kohlenhandel von der Grundlage der Sortierung auf die Verkaufsbasis Heizwert zu überführen.

Wird die Kohle nach einer auf analytischem Wege bestimmten Zahl von zu leistenden Wärmeeinheiten bewertet, so gewinnt der Käufer die Sicherheit, daß der für ihn allein in Betracht kommende innere Wert, der Heizwert, als Grundlage des von ihm abgeschlossenen Geschäftes ihm den gewünschten Effekt garantiert."

Die Kohlenhändler und Zechenbesitzer machen dagegen folgende Einwände:

1. Der Aufbau des Erdinnern und 2. die Art der Aufbereitung machen die Lieferung einer sich stets gleichbleibenden Qualität unmöglich;
3. Probeentnahmen und Art der Heizwertbestimmung bieten keine Gewähr für die Richtigkeit der zahlenmäßigen Preisbewertung;
4. Transport, Lagerung und 5. heiztechnische Behandlung sind von erheblichem Einfluß auf den Grad praktischer Ausnutzung.

Es ist eine eigentümliche, aber auch charakteristische Erscheinung, daß dieser Frage der Qualität von seiten der Gaswerke erst in allerletzter Zeit Aufmerksamkeit geschenkt worden ist. Die einzelnen Gaswerke haben bisher nicht die im Betriebe gemachten Erfahrungen ausgetauscht und es vor allem nicht mit verschiedenen Kohlensorten versucht. Die einmal auf Empfehlung oder durch Versuch als geeignet befundene Kohle wurde dauernd weiter bezogen und nur gelegentlich ein Kontrollversuch über die Ausbeute angestellt. Oft geschieht auch das noch nicht. Das bestätigen z. B. die Ausführungen von Stadtrat Velde über den wirtschaftlichen Wert der Kohlen in einem Vortrage, der im J. G. W. veröffentlicht wurde. Stadtrat Velde betont, daß die meisten Werke nur über den Wert der besonderen von ihr bezogenen Kohle orientiert seien, aber nichts wüßten über den Wert anderer Kohlen. Zurzeit liegen die Kohlenbezugsverhältnisse für Mitteldeutschland so, daß z. B. in Leipzig die schlechten sächsischen Stückkohlen annähernd mit demselben Preise bezahlt werden wie englische Förderkohle. Auch die westfälische Kohle erhält Leipzig zu demselben Preise immer frei Gasanstalt gerechnet. Ebenso sei sicher, daß oberschlesische Kohle wesentlich höher im Preise zu stehen komme. Die Frage ist offen, ob diese nicht trotzdem rentabler sei.

Es ist sehr bezeichnend, wenn die Einführung einer genaueren Kontrolle Gegenstand der Verhandlungen des Vereins der Gas- und Wasserfachmänner ist. Auch die Lehr- und Versuchsgasanstalt in Karlsruhe dokumentiert die Wichtigkeit dieser Frage durch die Aufstellung zahlreicher Ausbeuteversuche für die einzelnen Kohlengruppen und Sorten. Gegen die Bedenken der Zechenbesitzer wird von den Kohlenbeziehern eingewandt, daß eine Kontrolle nach dem Heizwert doch leicht durchzuführen wäre, sei es vor Abgang des Waggons von der Zeche, sei es durch amtliche Probenehmer bei Ankunft am Bestimmungsorte.

Welche Bedeutung den verschiedenen Momenten zukommt, und welche Bedeutung die Kohlekosten überhaupt für die Gaswerke haben, das mag eine nach dem Kommunalen Jahrbuch zusammengestellte Tabelle zeigen (Anhang V). In derselben wurden von mir alle Werke über 5 000 000 cbm Gasproduktion aufgenommen, ferner von den kleineren Werken aus jeder Gruppe das Werk mit den höchsten und mit den niedrigsten Selbstkosten. Von mir berechnet wurde die Spalte Kohlekosten. Unter Kohlepreis wird verstanden der Preis für 100 kg Kohle (Gesamtausgabe für Kohle, dividiert durch das gesamte Kohlegewicht), unter Kohlekosten der Aufwand für Kohle pro 1 cbm Gas. Hier spricht also die Ausbeute mit (Gesamtkohlenkosten dividiert durch Gesamtgasproduktion).

Hier mögen nur die Hauptpunkte herausgehoben werden.

Deutlich tritt die Frachtlage der einzelnen Werke in den Vordergrund. Werke in der unmittelbaren Nähe von Kohlenzechen ebenso wie Werke an den Seeküsten haben den niedrigsten Preis anzulegen, süddeutsche Werke, wie z. B. München und Pforzheim, die höchsten. Interessant ist der Unterschied zwischen Berlin und Charlottenburg, der etwa 3 ℳ beträgt und der sich daraus erklärt, daß Charlottenburg fast ausschließlich englische Kohle verbraucht.

Nicht zu erkennen ist aus der Tabelle eine ungünstigere Stellung der kleineren Werke gegenüber den größeren, wie man geneigt wäre, anzunehmen. Interessant ist, ohne aber als Regel ausgesprochen zu sein, daß die Werke mit höheren Kohlenpreisen, z. B. Berlin und München, auch hohe Gasausbeuten erzielen und damit die ersteren kompensieren.

§ 4. Der maschinelle Betrieb.

a) Die Öfen.

Den technischen Vorgang der Gaserzeugung definierte der Engländer Clegg als einen sehr einfachen Prozeß, bei dem große Feuer unterhalten werden, welche Retorten dauernd stark erhitzen. In diese Retorten werden die Kohlen hineingeworfen und danach die unter Luftabschluß sich bildenden Erzeugnisse abgezogen.

Diese kurze Definition, ausgesprochen am Anfange des vorigen Jahrhunderts, hat noch heute volle Geltung.

Das Jahr 1890 bedeutet in der Gasindustrie in bezug auf die Gaserzeugung einen Wendepunkt. Um diese Zeit erfolgte die prinzipielle Änderung der Befeuerung der Öfen, der Übergang von der Rostfeuerung zu der rationelleren Generatorfeuerung. Dann aber haben die Öfen hinsichtlich der Anordnung und der Größe der Retorten eine ganze Reihe von Änderungen erfahren, die ein interessantes Bild der technisch-wirtschaftlichen Entwicklung bieten.

Bis zum Jahre 1890 gab es nur einen Ofentyp, den Horizontalretortenofen. Er enthielt fünf bis neun übereinandergeordnete wagerechte Schamotteretorten von 2,5—3,5 m Länge. Die Retorten faßten etwa 125—200 kg Kohle, je nach ihrem Querschnitt.

Die Retorten werden auf 1000—1100° erwärmt. Die Entgasung dauerte etwa vier bis sechs Stunden. Die Ausbeute betrug etwa 270 bis 300 cbm Gas. Die Beschickung der Retorten erfolgte im Handbetrieb. Der Arbeiter warf die Kohle mit der Schaufel hinein — später wurden Schubkasten, sogenannte Mulden, verwendet — und entfernte mit langen eisernen Haken den Koks, der in Schubkarren auf den Hof zum Ablöschen gebracht wurde. Die Arbeit war sehr anstrengend und unhygienisch.

Diese Arbeitsverhältnisse, verbunden mit der steigenden Entwicklung des Gasbedarfes, gaben den Anstoß zur Entwicklung der Ofenkonstruktionen. 1894 konstruierte der französische Ingenieur Coze Öfen, deren Retorten eine Neigung von ca. 33° hatten und die an beiden Enden mit Verschlußdeckeln versehen waren. Sie wurden am oberen, höheren Ende beschickt, am unteren entleert, wobei die Schwerkraft mitwirkte. Das System wurde jedoch erst Ende der neunziger Jahre in Deutschland eingeführt; heute finden sich die Coze-Öfen in vielen Betrieben, ihre Größenverhältnisse sind beträchtlich erweitert worden, in größeren Anstalten haben die Retorten 6 m Länge und eine Fassung von 360 kg Kohle.

Der stetig wachsende Gasbedarf, die dadurch bedingte Erweiterung der Werke und ferner das Bestreben, sich möglichst von den Arbeitern zu emanzipieren (Streikgefahr), führte zu weiteren Verbesserungen der Ofenkonstruktionen.

1905 konstruierte Bueb im Verein mit der deutschen Kontinental-

Gas-Gesellschaft einen neuen Ofentyp, indem er die Retorten senkrecht anordnete; 10, 12, 18 Retorten von 4 oder 5 m Länge wurden in einem Ofen vereinigt. Die Retorten sind ebenfalls oben und unten mit Deckeln verschlossen. Die Heizgase werden in einem eingebauten Generator erzeugt, am Fuße der Retorten verbrannt und im Zickzack um die einzelnen Retorten hochgeleitet.

Die Füllung der Retorten erfolgt von oben durch Hängewagen, die Entleerung unten in ähnlicher Weise. Die Deckel werden auf hydraulischem oder bei älteren Konstruktionen mechanischem Wege geöffnet und geschlossen.

Jede Retorte faßt 500 kg Kohle. Die Entgasung dauert etwa acht bis zwölf Stunden. Es ist bei diesem System auch möglich, dem Vergasungsprozeß in den letzten drei Stunden Wasserdampf zur Erzeugung von Wassergas zuzuführen. Die Gasausbeute ist größer, an Arbeit wird gespart infolge der durch das Schwergewicht selbständig bewegten Massen. Außerdem liefern diese Öfen dank der günstigen Wärmeverteilung auch ein gutes Gas und sehr hochwertige Nebenprodukte. Gegenüber den älteren Ofensystemen ist noch die größere Ammoniakausbeute zu erwähnen. Ferner ist der Koks dichter und der Teer dünnflüssiger.

Die eben genannten Vorzüge gaben die Veranlassung zu erfolgreichen Verbesserungen der früheren Systeme.

Die Retortenlänge wurde auf 6 m erhöht und die Entgasungsdauer von vier bis fünf Stunden auf acht bis neun Stunden verlängert. Außerdem wurde die ungesunde Ofenarbeit durch elektrisch betriebene Lade- und Entlademaschinen beseitigt. Selbst in großen Werken benötigt das Ofenhaus heute nur wenige Arbeiter, dazu ist die Nachtarbeit beträchtlich eingeschränkt worden. Eine weitere Einschränkung der Zahl der Ofenhausarbeiter trotz beträchtlich gesteigerter Produktion wurde erzielt durch die Konstruktion der Großraum- oder Kammeröfen, die ebenfalls um das Jahr 1905 in die Praxis eingeführt wurden. Die Kammeröfen bestehen aus Kammern mit schräger Sohle, jede Kammer faßt 3—7 t Kohlen. Die Füllung erfolgt von oben durch eine horizontale Füllöffnung, fast ohne jede Handarbeit. Ebenso gleitet der Koks nach beendeter Entgasung allein heraus, wenn die untere Kammertür geöffnet wird. Die Entgasung dauert 24 Stunden. Das Ablöschen des Kokses erfolgt in einem fahrbaren Löschturm. Aus ihm fällt der Koks nach erfolgtem Löschen in eine Koksgrube, von wo er auf automatischem Wege weiterbefördert wird. Die Bedienung der Kammeröfen ist sehr einfach, so daß man hier mit einer geringen Arbeiterzahl eine sehr große Gasproduktion erzielen kann. Da der Vergasungsprozeß 24 Stunden dauert, fällt jede Nachtarbeit weg.

Eine andere, ebenfalls sehr verbreitete Kammerofenkonstruktion stellen die Öfen von Koppers dar, die eine horizontale Sohle haben. Die Kammern haben etwa 10 m Länge, 0,5 m Breite und 2,2 m Höhe. Jede Kammer faßt etwa 11 t Kohle, die in 24 Stunden vergast werden und etwa 3000 cbm Gas ergeben [1].

Über die einzelnen Systeme urteilte Dr. A. Sander in einem Vortrage im Verein zur Förderung des Gewerbefleißes wie folgt: „Zwischen den einzelnen Systemen ist ein scharfer Wettkampf entbrannt, der wohl noch nicht so bald zur Entscheidung kommen wird, da sich auf diesem Gebiet die Ansichten bedeutender Fachmänner schroff gegenüberstehen. Es läßt sich auch nicht ohne weiteres sagen, welche von den gesamten Konstruktionen die beste ist. Zweifellos hat jedes System seine Vorteile und seine Nachteile. Im allgemeinen kann man aber wohl sagen, daß auch in Zukunft in kleinen Gasanstalten der Horizontal-Retortenofen, allerdings nur in der verbesserten Form unter Anwendung von Maschinen zur Ladung und Entladung Anwendung finden wird. Für mittlere und große Werke ist der Vertikal-Retortenofen sehr geeignet, während für die ganz großen Werke ohne Zweifel der Kammerofen mehr und mehr Anwendung finden wird.

Die weitere Entwicklung der Öfen wird also bedingt sein durch die Anforderungen an eine wachsende Produktion, wir verweisen hier auf die Zahlen der Statistik, und durch die möglichste Auswertung der Kohle in bezug auf Gas und Nebenprodukte, insbesondere eine rationelle Erzielung hochwertiger Nebenprodukte."

Wie hat diese technische Entwicklung nun ökonomisch gewirkt? Eine vorzügliche Übersicht bietet hierfür Geitmann (S. 25) in der folgenden Tabelle (siehe S. 36):

Dazu schreibt Geitmann: „Wir sehen, wie die Gaserzeugung pro Ofen und Tag von 368 auf 5000 cbm steigt, wie die Ofenhausgrundfläche pro 100 t vergaster Kohlen von 1320 auf 375 qm zusammenschrumpft, wie aber auch die Baukosten pro Ofen von 5000 ℳ auf 50000 anwachsen. Ganz besonderes Interesse erregt die Zahl der Arbeiterschichten, die von 130 auf 4 herabgeht. Hier kommt deutlich die Loslösung des Betriebes vom Arbeiter zum Ausdruck, wobei noch zu berücksichtigen ist, daß bei den Coze-, Vertikal- und Kammeröfen bereits meistens der dreimalige Schichtwechsel pro Tag, also die achtstündige Arbeitszeit, gegenüber der früher üblichen zehn- bis zwölfstündigen eingeführt war."

---

[1] Auch von anderen führenden Ofenbaufirmen werden jetzt sehr rationell arbeitende Kammeröfen konstruiert.

Ofensystem	Jahr der Einführung	Pro Ofen in 24 Stunden			Pro 100 t in 24 Stunden vergaster Kohlen						Baukosten	
		Kohlen vergast	Gas erzeugt	Koks verheizt	Gas erzeugt	Erforderliche Öfen	Ofenfläche	Ofenhausfläche	Zahl der Arbeiterschichten	Koks verheizt	pro Ofen	pro t Kohle täglich
		t	cbm	t	cbm		qm	qm		t	ℳ	ℳ
Cleggscher Rostofen	1820	1,5	368	0,7	24 000	66	488	1320	130	43	5 000	330
Rostofen mit 7 Retorten . . .	1862	4,3	1200	0,9	28 000	23	242	690	45	22	8 000	184
Generatorofen .	1879	8,1	2400	1,0	30 000	13	179	910	40	13	15 000	195
Coze-Ofen . . .	1885	10,8	3240	1,6	30 000	8	158	544	15	15	25 000	200
Vertikalofen, elektr. Betrieb .	1905	12,5	4000	1,9	32 000	8	195	432	9	15	40 000	320
Kammerofen . .	1906	15,6	5000	2,3	32 000	6	156	375	4	15	60 000	360

Die bedeutende Ersparnis an Arbeitslöhnen wurde erkauft durch das starke Ansteigen der absoluten Kosten für die Öfen und die übrigen Anlagen, insbesondere die Transportanlagen. Die Kosten kommen zum Ausdruck in den Zinsen und in den Aufwendungen für Unterhaltung und Amortisation der Anlagen.

Die Anlagekosten sind, wie aus der vorstehenden Tabelle hervorgeht, gegen früher um das Doppelte gestiegen. Also ist zunächst der doppelte Aufwand für Zinsen gegen früher in die Selbstkosten einzustellen.

Die Aufwendungen für die Unterhaltung wie die Amortisation sind prozentual für alle Ofensysteme ziemlich die gleichen. Also auch hier bei den neueren Ofensystemen absolut das Doppelte wie bei den alten. Praktisch hängen diese Kosten durchaus von der Behandlung der Öfen und Anlagen durch das Betriebspersonal ab.

Schaars Kalender für das Gas- und Wasserfach gibt in seiner letzten diesjährigen Ausgabe S. 67 folgende Zahlen (siehe S. 37).

Leider wird hierüber sonst so gut wie gar kein Material bekanntgegeben. Die beiden letzteren Angaben der Tabelle habe ich hinzugefügt nach den Angaben des Schaarschen Kalenders an anderer Stelle. Auf S. 70 heißt es bezüglich der Vertikalöfen: „Ferner werden die Reparaturkosten der Anlage in Köln mit 6,2 ₰ pro 100 cbm erzeugten Gases gegen 11,75 bei den Schrägöfen angegeben." Und auf S. 73 bezüglich Münchener Kammeröfen: Reparaturkosten auf 1000 cbm 70 ₰.

Danach würden sogar die Reparaturkosten noch bedeutend gefallen

Jährliche Unterhaltungskosten verschiedener Ofensysteme pro 100 cbm Gas in Pfennigen.

Ofensystem	Öfen	Heizerwerkzeuge	Zieh- und Lademaschine	Koksrinne	Schmalspurhunde und Schubkarren	Total
Rostofen.	21,9	11,9	—	—	2,3	36,1
Generatoröfen mit Zieh- und Lademaschine. . .	22,8	9,2	3,5	—	2,6	38,1
Schrägretortenöfen . . .	15,4	7,9	—	3,0	—	26,3
Vertikalöfen	6,2[1]	—	—	3,0	—	9,2
Münchener Kammeröfen .	7,0[2]	—	—	3,0	—	10,0

sein. Indessen wird man bei dem sehr mangelhaften Material hier doch vorsichtig sein müssen. Wahrscheinlich ist, daß bei den zuletzt genannten niedrigen Sätzen nicht alle Unterhaltungskosten einbegriffen sind. Hier genügt aber auch die Feststellung, daß die Unterhaltungskosten nicht teurer geworden sind, daß vielmehr diese, wie auch die Quote für Amortisation prozentual gleichgeblieben sind. Absolut sind sie entsprechend dem verdoppelten Anlagekapital für die Produktionseinheit ebenfalls auf etwa das Doppelte gestiegen. Diesem Mehraufwand für Unterhaltung, Zinsen und Amortisation steht die beträchtliche Ersparnis an Arbeiterlöhnen gegenüber. Die letzteren sind außerordentlich stark in ihrem Anteil an den Selbstkosten zurückgedrängt. Heute stehen an erster Stelle die Aufwendungen für Zinsen und Amortisation, die etwa bis 50 % der Selbstkosten ausmachen. Wohl verstanden, die Aufwendungen für Amortisation usw. sind nicht an die Stelle der Arbeitslöhne getreten, vielmehr ist neben ihrem Steigen an sich die Zunahme aller prozentualen Anteile aller Positionen durch das Zurücktreten der Arbeiterkosten die Ursache für das Steigen des Prozentanteils der Amortisationen die Ursache.

Leider liegt so gut wie kein fortlaufendes Zahlenmaterial für die einzelnen Gaswerke vor, an welchem sich die eben behandelten Momente in ihrer Wirkung kontrollieren ließen. Wir müssen uns daher hier damit begnügen, festzustellen, daß die neueren Ofenkonstruktionen eine sehr bedeutende Herabsetzung der Arbeiterzahl zur Folge hatten und daß gegenüber diesen dadurch erzielten Lohnersparnissen nur verhältnismäßig geringe, das sind doppelte Mehraufwendungen für Zinsen, Ofenunterhaltung und Amortisationen entstanden sind.

---

[1] Schaars Kalender für 1914, S. 70.

[2] Ebenda, S. 73.

Ein wichtiges finanzielles Moment ist hier noch zu erwähnen; es ist die ständig geringer werdende Bodenbeanspruchung der Öfen, die seit 1890 um etwa die Hälfte und mehr zurückgegangen ist und bei der wachsenden Gasproduktion, die doch zum großen Teil wieder durch wachsende Bevölkerung und durch wachsenden Geschäftsbedarf bedingt ist, mit Rücksicht auf den daraus steigenden Bodenwert Beachtung findet. Allerdings ist diese Beschränkung nicht so groß, um nicht schließlich die Gaswerke doch zu zwingen, mit Rücksicht auf den Grund und Boden unter großen Opfern nach draußen zu gehen, wie es Berlin tun muß.

Es ist zahlenmäßig nicht festzustellen, wie weit sich nun die technischen Fortschritte des Ofenbaues im praktischen Gaswerksbetriebe durchgesetzt haben. Alle älteren Gaswerke haben naturgemäß noch eine große Anzahl liegender Retorten im Betriebe; andererseits hat die so beträchtlich gestiegene Gasproduktion die meisten Gaswerke zu beträchtlichen Erweiterungsbauten, teilweise sogar auch zu Neubauten veranlaßt, bei welchen die neuen Ofenkonstruktionen zur Verwendung gelangten.

Der Zahl nach dürften noch etwa 50 % aller Öfen liegende Retorten haben, während der Produktionsmenge nach wohl mindestens 75 % des gesamten Gases in neueren Ofensystemen gewonnen werden.

Über die mit den neueren Ofensystemen erzielten praktischen Erfolge wird im J. G. W. 13/21 für das Gaswerk Düsseldorf folgendes berichtet: „Von dem gesamten Gas wurden erzeugt in Öfen mit wagerechten Retorten 50,22 %, in schrägen Retorten 25,74 %, mit senkrechten Retorten 21,51 %, zusammen Kohlengas 97,47 %, Koksgas 2,53 %.

Die Gasausbeute betrug: in Öfen mit wagerechten Retorten 307,5 cbm, mit schrägen Retorten 302,5 cbm, mit senkrechten Retorten 374,5 cbm pro Tonne. Pro Ofenarbeiterschicht wurden erzeugt: bei den Öfen mit wagerechten Retorten 882,74 cbm, bei den Öfen mit schrägen Retorten 1788,42 cbm, bei den Öfen mit senkrechten Retorten 3488,92 cbm, im Durchschnitt 1258,55 cbm, in der Koksgasanlage wurden erzeugt: 725460 cbm Blaugas, 163400 cbm ölkarburiertes Gas, zusammen 888860 cbm, 1000 cbm aus 714,3 kg Koks. Zur Karburation des Kohlengases wurden 35,57 t Öl verbraucht, das ist durchschnittlich 2,18 kg auf 1000 cbm. Leistung auf die Arbeiterschicht etwa 1643 cbm. Die Ofenunterfeuerung beanspruchte 20,20 % der Gesamtkokserzeugung.“

Diese Angaben sind sehr interessant, insbesondere die Daten über die Gasproduktion pro Arbeiter bei den verschiedenen Ofensystemen. Sie legen doch die Frage nahe, ob es nicht vorteilhafter ist, die Retortenöfen überhaupt stillzulegen und zu Vertikalöfen überzugehen. Indessen ist auf diese Frage noch weiter unten einzugehen.

Einige allgemeine Anhaltspunkte für die Beantwortung der Frage, wie weit die technischen Erfindungen praktisch eingeführt worden sind und zu einer Ausschaltung der menschlichen Arbeitskraft geführt haben, zeigt eine Betrachtung der Gasproduktion pro Arbeiter in verschiedenen Städten. (Anhang Tabelle XIII.)

Fast durchgehend zeigt sich eine sehr beträchtliche Steigerung der Leistungsfähigkeit der einzelnen Arbeiter. Nur bei einzelnen wenigen Gaswerken findet sich ein Rückgang, welcher durch sehr starke Erweiterungsanlagen bedingt worden ist und die nun noch nicht voll ausgenutzt werden. So erklären sich auch die teilweise sehr beträchtlichen Zunahmen in der Zahl der Arbeiter in Charlottenburg. Im übrigen kommt bei den meisten Werken nicht nur ein prozentualer Rückgang, sondern auch ein Rückgang in der absoluten Zahl der Arbeiter zum Ausdruck, der zweifellos auf die Einführung maschineller Transportanlagen zurückzuführen ist. Ein recht typisches Beispiel dafür sind gleich die ersten Zahlen für Barmen, wo die Zahl der Arbeiter etwa um ein Drittel zurückgegangen ist, während sich ihre Leistungen über das Doppelte vermehrt haben. Das Gegenstück dazu bietet Halle, wo die Zahl der Arbeiter beträchtlich gestiegen ist, während ihre Leistungen zurückgegangen sind. Hier dürfte zweifellos eine noch nicht voll ausgenutzte Neuanlage die Ursache sein.

b) Die übrigen Anlagen.

Hier sind zu unterscheiden die sonstigen Anlagen auf dem Werke selbst, wie Transportanlagen, Gasbehälter, Reiniger usw. und die Außenanlagen wie Rohrnetz, Laternen usw.

Eine bedeutende Verbilligung des Gaswerksbetriebes ist erzielt worden durch die Einführung mechanischer Arbeit für die großen Massenbewegungen, die bislang durch Handarbeit erfolgte. Maßgebend waren auch hier für die Entwicklung teils Rücksichten hygienischer Art (Transport des glühenden Kokses), teils die Streikfurcht und Ersparnisgründe.

Hier seien einige Zahlen dafür genannt. Schnabel-Kühn schreibt auf S. 55 und 56 seines Buches: „Ein Gaswerk von nur 1,5 Mill. cbm Jahreserzeugung wendete im Jahre 1908 für maschinelle Einrichtungen über 24 000 *M* an und erzielte damit einen Jahresmehrgewinn von 4000 *M*."

„Oberingenieur Dirke, Essen, hat zahlenmäßig nachgewiesen, daß z. B. im Essener Gaswerk von Krupp durch eine Lade- und eine Ziehmaschine bei

14 Öfen mit 3 m langen Retorten auf Doppelschicht 14 Mann weniger beschäftigt werden können, was bei 4,50 ℳ Schichtlohn eine Lohnersparnis von rund 23 000 ℳ herbeiführt (S. 56)."

Für das Gaswerk Düsseldorf wird im J. G. W. 13/911 berichtet: „Die Kosten des Kohlentransportes vom Hauptbahnhof bis zur Gasanstalt vermittelst Pferd und Wagen stellten sich bis zum Jahre 1905 im Jahresdurchschnitt pro Tonne auf 1,90 ℳ, jetzt ist der Betrag für den Kohlentransport vom Hauptbahnhof bis in den Kohlenspeicher auf 0,81 ℳ pro Tonne zurückgegangen.

Weiter muß bemerkt werden, daß in diesem Jahre der gesamte maschinelle Betrieb der Gasanstalt vermittelst Elektrizität ausgeführt wird. Auch hier sind wesentliche Ersparnisse zu verzeichnen, da einesteils ein geringer Strompreis (12 ₰ pro KW.-Stunde) eingeführt ist, andernteils aber nicht die auf anderen Gasanstalten üblichen Heiz- und Dampfmaterialienverluste vorkommen. Die Kosten des Dampfbetriebes stellten sich in den letzten Jahren an Heizmaterial und Bedienung auf rund 11 000 ℳ, dieselben sind jetzt durch Einführung des elektrischen Betriebes auf ca. 4000 ℳ zurückgegangen. Die bisher bestehende Dampfmaschinenanlage von ca. 25 PS. ist als Reserve geblieben. Der Gesamtbetrieb wird durch einen 8 und zwei 5 PS. Elektromotoren ausgeführt. Der Betrieb ist viel gleichmäßiger wie der Dampfbetrieb, da die bei letzterem unausbleiblichen Schwankungen nicht auftreten."

Schließlich mögen noch einige Ausführungen von Ingenieur Greineder folgen über die wirtschaftlichen Erfolge des Gaswerks Düsseldorf, mit der Stoß- und Lademaschine sowie mit dem mechanischen Kohlen- und Kokstransport. Greineder geht auch auf die Anwendbarkeit dieser bei kleinen Werken ein. Er schreibt im J. G. W. 12/1251: „Diese Bemerkung führt mich nun noch zu einigen kurzen finanziellen Angaben. Die Stoß- und Lademaschine, die Elektrohängebahn mit der gesamten elektrischen Installation, Motoren, Transformotoren usw. hat gekostet ca. 93 000 ℳ. Die durch die Anlage herbeigeführten laufenden jährlichen Mehrausgaben setzten sich zusammen aus Verzinsung, Abschreibung und Stromkosten, während sich die Ersparnisse auf Arbeitslöhne und den höheren Kokserlös erstrecken. Obwohl das Reparaturkonto sich bei Maschinenbetrieb entschieden günstiger stellt als bei Handbetrieb, sollen diese Unterschiede unberücksichtigt bleiben. Die Arbeitslöhne ermäßigten sich von 7,88 ℳ pro 1000 cbm Gaserzeugung bei Handbetrieb auf 5,04 ℳ bei maschinellem Betrieb. Der Mehrkokserlös ist bei 150 000 hl Kokserzeugung nur mit 5 % der verkauften Menge angenommen. Legt man also eine Jahreserzeugung von 3,6 Mill. cbm zugrunde, nimmt man ferner für Verzinsung und Abschreibung rund 10 % an und rechnet dazu die auf 2500 ℳ für 25 000 KW.-Std. sich beziffernden Stromkosten, so ergibt das eine Gesamtmehrausgabe von 11 475 ℳ. Dieser Summe steht eine Ersparnis an Arbeitslöhnen von 12 835 ℳ und ein Koksmehrerlös von rund 4800 ℳ, zusammen 17 635 ℳ, gegenüber. Den Überschuß kann man noch zur Abschreibung verwenden, so daß man in Wirklichkeit eine Amortisation von reichlich 11 % erreicht.

Die Frage, bis zu welcher niedrigsten Gaserzeugung sich die Kosten für solche maschinellen Betriebe rentieren, läßt sich generell nicht beantworten. Nicht allein, daß die Anlagekosten je nach den örtlichen Verhältnissen sich verschieden gestalten werden, es werden sich auch die Ersparnisse nach der jeweiligen Betriebsweise richten. Hier bei uns liegen insofern die Verhältnisse für den maschinellen Transport sehr günstig, als durch die Elektrohängebahn auch der frühere außerordentlich mühsame Kokstransport vom Lagerplatz nach der Wassergasanlage weggefallen ist. Mit diesem Transport waren im Sommer zwei bis drei Mann, im Winter vier bis fünf Mann beschäftigt. Diese Menschenarbeit hat sich durch den Hängebahntransport ebenfalls erübrigt. Nach mehrfachen Berechnungen wird man im allgemeinen sagen können, daß bei einer Gasanstalt von 2,5 Mill. cbm Jahreserzeugung die Anlage sich neben einer Verzinsung mindestens noch gut amortisieren wird. Läßt sich zum Beispiel die Stoß- und Lademaschine hinter den Öfen anbringen, und kann der Koks dann in der Richtung zum Kokslagerplatz ausgestoßen werden, so daß sich eine besondere Kokstransportbahn erübrigt, und neben der Maschine nur noch die Kohlenaufbereitung nötig wird, so dürfte sich der maschinelle Betrieb meiner Ansicht nach schon bei 1,5 bis 2 Mill. cbm Jahreserzeugung rentieren."

Kein Zahlenmaterial liegt vor über die Preisentwicklung der Gasbehälter, Reinigeranlagen usw. Hier sprechen verschiedene Momente mit. Einen bestimmenden Einfluß haben die Eisenpreise und mehrfach findet sich im J. G. W. die Bemerkung, daß das Gaswerk von der so notwendigen Erweiterung bzw. dem Bau eines neuen Gasbehälters im Augenblick Abstand nehme, um günstigere Eisenpreise abzuwarten. Insbesondere in den Jahren 1900, 1901, 1902 ist diese Bemerkung häufig zu finden. In der Tat ist dieses Moment ja auch sehr wichtig, wird es doch immer wieder bei der Amortisation fühlbar werden.

Im übrigen ist die Preisgestaltung gerade auf diesen Gebieten eine ganz individuelle. Fast jede Baufirma hat ihre besonderen Erfahrungen und Erfolge durch Patente geschützt und nutzt sie durch entsprechende Preise aus. Maßgebend wird hier die Leistung der Apparate sein. An sich haben sie allerdings eine Preissteigerung zu verzeichnen gehabt.

Eine Verteuerung des Gaswerksbetriebes ist ferner eingetreten durch den Außenbetrieb.

Zunächst hat die sehr starke Steigerung der Gasproduktion die Gaswerke vielfach zu bedeutenden Erweiterungen gezwungen, die mit Rücksicht auf die hohen Bodenpreise vielfach nicht mehr im Weichbilde der Stadt erfolgen konnten. Die Gaswerke gingen weit hinaus in die Vororte. Was hier an Grund und Boden gespart wurde, das mußte teilweise wieder draufgelegt werden für die längeren und stärkeren Rohrleitungen. Andererseits sprachen hierfür auch wieder Beförderungsgelegenheiten mit. So ist das Gaswerk Tegel der Stadt Berlin direkt an den Tegeler See, durch den der Schiffahrtskanal führt, gelegt. Allerdings werden hier auch rein technische Momente maßgebend, die freilich auch wieder ihren wirtschaftlichen Ausdruck finden. So werden Gaswerke gern auch in Vororte gelegt, sofern diese gegenüber dem eigentlichen Versorgungsgebiet sehr tief liegen; es kann so nämlich der natürliche Auftrieb des Gases ausgenutzt werden.

Über die Preisgestaltung für die Rohrleitungen dringt ebenfalls wenig Zahlenmaterial in die Öffentlichkeit und wohl auch absichtlich. Hier seien zunächst einige Zahlen über die Entwicklung des Rohrnetzes in Berlin gegeben.

Die Länge des städtischen Rohrnetzes in Berlin[1] betrug:

im Jahre 1890	= 752 372 m
„ „ 1895	= 895 182 m
„ „ 1900	= 1 018 071 m
„ „ 1905	= 1 195 098 m
„ „ 1910	= 1 653 455 m
„ „ 1912	= 1 894 895 m

Zu der durch die wachsende Ausdehnung der Stadt bedingten Erweiterung des Rohrnetzes tritt, daß gerade in den letzten Jahren die Tendenz besteht, um alle Konsumenten heranzuziehen, die Rohrleitungen kostenlos bis an die Verbrauchsstelle zu legen. Damit werden viele, teilweise auch unproduktive Rohrleitungen geschaffen, allerdings mit der Aussicht ständiger Rentabilitätsverbesserung; aber so viel ist sicher, die Tendenz, alle Konsumenten zu gewinnen, hat eine Verteuerung herbeigeführt. Eine absolute Verteuerung der Gaswerke ist außerdem eingetreten durch Zusammenschluß der Gasrohrproduzenten und durch Steigerung der Löhne für die Rohrverlegungen. Die Preise für die großen in der Erde verlegten Rohre konnten leider trotz verschiedentlicher Bemühungen nicht ermittelt werden.

Die Arbeitslöhne für die Rohrverlegungen betrugen in den einzelnen Jahren in Berlin[2]:

im Jahre	Arbeiterstundenlohn ℳ	Rohrlegerstundenlohn ℳ
1890	0,30—0,33	0,40—0,45
1895	0,30—0,33	0,40—0,45
1900	0,35—0,40	0,40—0,50
1905	0,40—0,42	0,43—0,50
1910	0,45—0,47	0,50—0,60
1913	0,48—0,52	0,52—0,62

[1] Direkte Angabe der städtischen Gaswerke.

[2] Persönliche Mitteilung von sachkundiger Seite.

Andererseits hat man Ersparnisse zu erzielen gewußt, einmal durch leichtere und trotzdem billigere Verlegung des Rohrnetzes, ferner durch exaktere Berechnung der Rohrweiten. Auch die in einzelnen Fällen erfolgte Einführung von Preßgas hat zu einer Verbilligung beigetragen, da Preßgas geringer dimensionierte Rohre verlangt.

Endlich hat auch die Einführung von Gasautomaten eine Verteuerung der Selbstkosten herbeigeführt, die freilich entweder durch einen Aufschlag auf den Gaspreis oder sonst durch gesteigerten Gasabsatz wieder ausgeglichen worden ist. Eine Automatenanlage kostet etwa 80—120 ℳ. Die Deckung der Kosten ist sehr verschieden. Teilweise wird eine Miete von 20—25 ₰ pro Monat gefordert, teilweise ein geringer Zuschlag zum Gaspreise erhoben. Nicht immer reicht aber dieser Betrag aus, die Zinsen, geschweige denn die Amortisation zu decken[1]. Bei der großen Bedeutung, die gerade den Gasautomaten zukommt, wie weiter unten noch zu zeigen sein wird, mögen hier noch einige Zahlen hierfür Platz finden.

Nach dem Jahresbericht der Stadt Berlin für 1902/03 im J. G. W. 1904/168 wurden für die Automatenanlagen folgende Kosten aufgewandt:

	für 8765 Anlagen ℳ	für 1 Anlage durchschnittlich ℳ
Für Leitungen und Gasmessereinsetzen . .	165 005,23	18,23
„ Beleuchtungsgegenstände	177 042,20	20,20
„ Kocher mit Schlauchhahn	91 621,63	10,45
„ Arbeitslöhne.	85 050,40	9,70
„ Schmiedefuhren	6 474,00	0,74
„ Maurerarbeiten	26,60	0,003
„ Gasmesser.	525 900,00	60,00
	1 051 120,06	119,323

Heute rechnet man im allgemeinen mit einer Aufwendung von 80 bis 100 ℳ für die Anlage; die Kosten schwanken nach der Art der zu leistenden Nebenarbeiten (Maurerarbeiten usw.).

Schnabel-Kühn schreibt auf S. 38 seines Buches:

„Daß derartige höchst zu begrüßende Einrichtungen von der Gasindustrie nicht unerhebliche Kapitalsummen erfordern, zeigen Beispiele aus der Praxis. 1905 hatte die Deutsche Kontinental Gas-Gesellschaft für **16 500** Automateneinrichtungen nicht weniger als 2 137 335,18 ℳ (als Nennwert) angelegt und in Groß-Berlin sind in kurzer Zeit für

[1] Bei den Automaten wird andererseits der Preis aber häufig auch so hoch gestellt, daß sogar noch ein Gewinn herausspringt. Vgl. Vortrag Lempelius auf der Versammlung des Rheinischen Städtebundes in Köln am 18. März 1911.

84 000 Automaten (die einen jährlichen Gaskonsum von 30 Mill. cbm einbringen) 7 Mill. ℳ ausgegeben worden."

Eine interessante Übersicht über die in den einzelnen Gaswerksanlagen investierten Kapitalien bietet die nachfolgende Übersicht der Baukosten für das Gaswerk Stuttgart J. G. W. 1911/398. Die Baukosten verteilen sich folgendermaßen:

	ℳ
Gasbehälter inklusive Fundament und Rohrleitungen für 100 000 cbm rund	720 000
Reiniger- und Regleranlage inklusive Hochbau und allen Zubehören	625 000
Kohlen- und Kohlentransportanlagen mit Fundament und allem Zubehör	620 000
Gleisanlagen	110 000
Ofenhaus inklusive Fundament	540 000
Ofenanlage inklusive Fundament und Schornstein	570 000
Lade- und Ziehmaschinen	98 000
Betriebsrohrleitungen außerhalb der Gebäude inklusive Rohrstege usw.	110 000
Kohlenschuppen	620 000
Wohlfahrtseinrichtungen	220 000
Verwaltungsgebäude	90 000
Apparatenhäuser	660 000
Teergruben	75 000
Reinigung, erste Hälfte	310 000
Ammoniakfabrik mit Pumpenraum und Wasserturm	170 000
Elektrische Umformer und Hauptleitungen usw.	70 000
Kesselanlage	75 000
Kanalisation	50 000
Beleuchtungsanlage	11 000
Versuchsanstalt	50 000
Gaszuführungsleitungen	600 000
Sonstiges und zur Ausgleichung	606 000
	7 000 000

Anhang.

Die Gasqualität.

Es wurde schon oben bei dem Kapitel Kohle gezeigt, daß der Qualität derselben kein besonderes Interesse bisher beigelegt worden ist. Etwas Ähnliches sehen wir bei dem Gas.

Man begnügte sich mit der Kontrolle des Gases in bezug auf die gesundheitsschädliche Beschaffenheit (gute Funktion der Reiniger) und allenfalls auf seine Leuchtkraft. Eine weitere Kontrolle seines wirtschaftlichen Wertes, die in gleicher Weise das Gaswerk wie den Verbraucher angeht, wurde nicht ausgeübt.

Die Grundlage des wirtschaftlichen Wertes des Leuchtgases bietet sein Heizwert, der nach Wärmeeinheiten bestimmt wird. Nun spielt aber der Wärmegehalt des Gases heute allein eine Rolle. Die Leuchtkraft dagegen ist einflußlos seit der Einführung des Gasglühlichtes.

Im allgemeinen liefern die Werke ein Gas, das etwa 5100 bis 5250 W.E. enthält, aber auch geringere wie höhere Wärmeeinheiten kommen vor. Als das Normale wird ein Gas mit 5000 W.E. bezeichnet. Geringerer Gehalt wird schon von Einfluß auf den Verbrauch beim Konsumenten.

Der Gehalt an Wärmeeinheiten beim Gas hängt ab von der Qualität der Kohle, aber auch von der Art des Ofens: zum Beispiel ergeben die Kammeröfen in den letzten Stunden der Vergasung ein sehr geringwertiges Gas, das sich erst durch Mischung im Gasbehälter verbessert.

Erst neuerdings tritt man auch hier der Qualitätskontrolle näher. Sie erfolgt durch Zusatz von Wassergas.

Die Gewinnung von Wassergas ist sehr einfach, sie geschieht, indem über glühenden Koks Wasserdampf geleitet wird. Das entstandene Gas hat ca. 2482 W.E. pro 1 cbm. Dieser im Vergleich zum Steinkohlengasgehalt sehr geringe Gehalt an Wärmeeinheiten wird aufgebessert durch Zusatz von Benzol oder von Petroleumrückständen. Die Anlagekosten sind geringe. Über die Kosten und die Vorteile von Wassergasanlagen entnehme ich Schaars Kalender für das Gas- und Wasserfach, 37. Jahrg. (1914), München 1913, auf Seite 190 folgende Angaben.

Anlage für 6000 cbm Tagesleistung.

Auf 1 cbm Wassergas wurden durchschnittlich gebraucht:

0,6 kg Koks à 1,6 ₰	0,96 ₰
0,37 kg Öl à 8,5 ₰	3,14 ₰
	4,10 ₰
ab für Teer 0,123 kg à 3 ₰	0,36 ₰
	3,74 ₰
Dampf, Löhne usw.	1,00 ₰
Kosten von 1 cbm karb. Wassergas in der Fabrik	4,74 ₰

Wenn aber in solchen Zeiten der Hochsaison der Konsument an der Gasqualität zurückgesetzt wird, so kann er es auch werden zu normaler Zeit, und so beginnt denn jetzt unter dem Zwange, die Rentabilität zu steigern, auch das Bemühen an Boden, dem Konsumenten eine ausreichende, aber gleichbleibende Gasqualität zu liefern. Damit würde naturgemäß wieder eine Verbilligung der Gestehungskosten für die Gaswerke eintreten.

Vielfach wird aber auch betont, daß praktisch das Wassergas durchaus nicht billiger als das Steinkohlengas sei, ebenso wie es andererseits durch genügende Anreicherung in der Qualität dem letzteren gleich sei. Der Vorteil der Wassergasanlage liege vielmehr darin, daß sie schnell betriebsfertig sei, wenig Bedienung erfordere und vor allem nur geringen Raum beanspruche, wodurch Ofenneubauten erspart oder wenigstens hinausgeschoben werden können.

§ 5. Die Arbeiter.

Die Arbeiterfrage hat in der Gasindustrie eine bedeutende Rolle gespielt und, wie schon oben gezeigt wurde, zu einer fast völligen, man wäre geneigt zu sagen, fast beispiellosen Ausschaltung der menschlichen Arbeitskraft geführt.

Arbeiter werden in den Gaswerken zu den folgenden Arbeiten benötigt:

1. Zum Transport der Kohlen auf das Kohlenlager und von dort zu den Retorten;
2. zum Füllen, Beheizen und Entleeren der Retorten;
3. zum Transport des Kokses und zum Abladen desselben;
4. für sonstige Arbeiten, Bedienung der Nebenapparate, Hofarbeiten, Laternenbedienung usw.

Man darf wohl sagen, daß die technische Entwicklung, wenn auch nicht ausschließlich, so doch hauptsächlich durch die Arbeiterfrage bedingt wurde. Es waren die folgenden Momente, welche den Ausschlag gaben:

1. Die gesundheitlichen Schädigungen, welchen die Arbeiter im Ofenhaus ausgesetzt waren[1];
2. die Streikgefahr;
3. wenn auch weniger dringend, Ersparnisrücksichten.

Wichtiger als die Berufskrankheiten waren die beiden anderen Momente. Auf die Bedeutung der Ausschaltung der menschlichen Arbeitskraft durch die technischen Einrichtungen und die daraus resultierende Ersparnis an Arbeitslöhnen wurde schon oben S. 38 ff. hingewiesen. Hier mag die Frage der Arbeitskosten noch durch eine andere interessante Tabelle, die ich dem Buche von Geitmann entnommen habe, illustriert werden. (Siehe Tabelle S. 47.)

Die Tabelle zeigt deutlich den beträchtlichen Rückgang der Aufwendungen für Arbeitskräfte. Bei dieser ganz gewaltigen, übrigens aber bei anderen Großbetrieben mit ähnlicher gleichartiger Produktion, wie z. B. Mühlen und Brauereien, ebenfalls vorhandenen Ausschaltung der menschlichen Arbeitskräfte durch die technische Arbeitsleitung gegenüber treten die

---

[1] Die Berufskrankheiten der Gasarbeiter sind insbesondere folgende: 1. Erkrankungen durch Wirkungen der strahlenden Wärme; 2. Erkrankungen durch das schädliche Einatmen der beim Löschen des Gases entstehenden Wasser- und schwefeligen Dämpfe; 3. sonstige Krankheiten, die durch den Betrieb verursacht werden, wie z. B. Brandverletzungen, Brüche usw., die letzteren sind also keine typischen Betriebskrankheiten, sondern Krankheiten, wie sie in anderen Betrieben auch vorkommen und wie sie beispielsweise häufiger als bei Gaswerken bei Elektrizitätswerken auftreten.

Lohnkosten der Vergasung von 570 t Kohlen pro 24 Stundentag.
(Arbeitslohn in Pfennigen pro 100 cbm.)

	Ofensysteme						
	Gewöhnliche 7er-Öfen mit Handbetrieb	Generatoröfen mit Handbetrieb	Generatoröfen mit Zieh- und Ladebetrieb	Öfen mit geneigten Retorten	Öfen mit geneigten Retorten und Kokstransportrinnen	Öfen mit vertikalen Retorten nebst Kohlen- und Kokstransportrinnen	Kammeröfen mit Kohlen- und Kokstransportrinnen
Arbeitslohn der im Retortenhaus beschäftigten Arbeiter pro 100 cbm	90	67	43,5	30	24,3	8,4	8,4
Arbeitslohn für Beschicken und Entleeren pro 100 cbm . . .	81,2	51,2	14,3	19	18,7	3	3
Arbeitslohn für Kohlen- u. Kokstransport im Ofenhaus pro 100 cbm . . .	6,8	9,9	10,1	6,2	2,35	2,35	2,35
Arbeitslohn für Generatorheizer pro 100 cbm .	—	3,2	3,2	1,6	1,6	1,6	1,6
Zahl der Arbeiter	267 Mann	226 Mann	166 Mann	100 Mann	78 Mann	29 Mann	29 Mann
Arbeitslohn in 24 Std. . . .	1430 M	1170 M	747,5 M	515 M	416 M	153,75 M	153,75 M

Aufwendungen für die Arbeitslöhne bzw. deren Höhe fast ganz in den bedeutungslosen Hintergrund. Nicht übersehen darf freilich werden, daß dieser Ersatz der menschlichen Arbeitskraft die Investierung eines sehr beträchtlichen fixen Kapitals erfordert, das durch seinen Zinsenaufwand sowie durch seine hohen Amortisationsbeträge bemerkbar wird.

Wie weit sich die technischen Verbesserungen in einer Ausschaltung der menschlichen Arbeitskraft in der Praxis bemerkbar machen, das wurde auf S. 149 für einige Gaswerke gezeigt, indem für die Jahre 1902 und 1907 die Leistungen der Arbeiter ausgedrückt in Kubikmeter Gas gegenübergestellt wurden.

Spielen also heute die Arbeiterkosten, insbesondere die Löhne, hinsichtlich der Selbstkosten keine bedeutende Rolle mehr, so sind sie doch beachtenswert im Hinblick auf die absolute Zahl der in den Gaswerken beschäftigten Arbeiter.

Dazu tritt, daß ja noch durchaus nicht bei allen Werken die technischen Neuerungen soweit eingeführt sind, daß nur das theoretisch mögliche

Minimum von Arbeitern beschäftigt wird. Endlich kommt hinzu, daß auch die teilweise sehr bedeutende Steigerung der Gasproduktion eine Zunahme der Arbeitskräfte bedingte. Im allgemeinen werden die Zahlen der beschäftigten Arbeiter von den einzelnen Gaswerken nicht angegeben. Es wird wiederholt im J. G. W. gesagt, daß bei den Berufsgenossenschaften etwa zwei Drittel der beschäftigten Personen auf die Gaswerke entfallen. Nach den Jahresberichten ergibt sich die folgende Tabelle:

Jahr	Arbeiter	Lohnsumme
1890	19 880	19 328 158
1895	23 267	23 268 601
1900	37 053	37 888 720
1905	49 934	51 611 070
1910	56 090	67 857 006
1912	59 028	76 206 036

Sie zeigt also dennoch eine beträchtliche Zunahme der tatsächlich beschäftigten Arbeiter.

Betrachten wir nunmehr die Entwicklung der Arbeitslöhne, so ist zunächst festzustellen, daß diese sehr beträchtlich gestiegen sind. Eine sehr interessante Kurve gibt für die Retortenhausarbeiter Geitmann auf S. 36 seines Werkes. Ich lasse sie hier folgen.

Kurve 3.

Arbeitslohn der Retortenhausarbeiter.

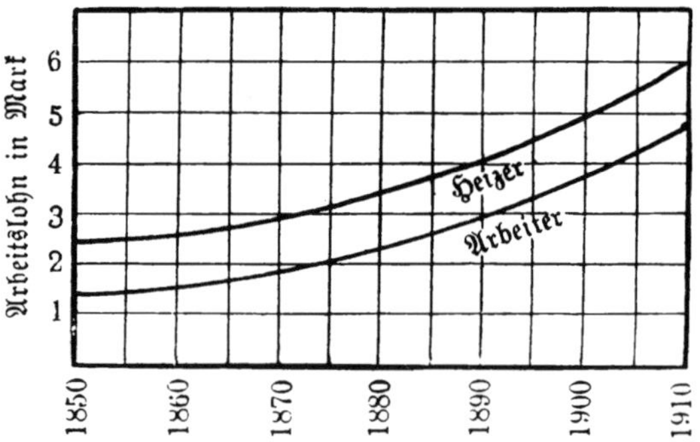

Interessante Zahlen gibt Schnabel-Kühn für Karlsruhe. Er schreibt (S. 55): In den Karlsruher Gaswerken zum Beispiel bezogen dieselben Arbeiter, die heute noch in städtischem Dienst stehen, in den Jahren 1887 und 1907 folgende Löhne:

	1887 ℳ	1907 ℳ
Feuerhausarbeiter	995—1005	2050—2117
Maschinisten	1222	2000
Ofenmaurer	865—975	1541—1607

In Berlin bezogen die Arbeiter nach einer direkten Mitteilung der Berliner Gaswerke an Stundenlohn[1]:

1890 . . .	0,30—0,33 M	1905 . . .	0,40—0,42 M
1895 . . .	0,30—0,33 M	1910 . . .	0,45—0,47 M
1900 . . .	0,35—0,40 M	1913 . . .	0,48—0,52 M

Auf Grund der Erhebungen des Reichsamtes für Arbeiterstatistik hat Schnabel-Kühn die nachfolgende Tabelle über die Entwicklung der Arbeitslöhne zusammengestellt:

Lohnsätze in Pfennigen	Absolute Zahlen – Von den Arbeitern der städtischen Gaswerke entfallen auf die Lohngruppe		Verhältniszahlen – Von 100 Arbeitern der städtischen Gaswerke entfallen auf die Lohngruppe	
	1907	1902	1907	1902
unter 200	211	228	2,2	2,8
200 bis 250	111	564	1,0	6,9
250 „ 275	341	884	3,5	10,7
275 „ 300	511	495	5,3	6,0
300 „ 325	621	1400	6,4	17,0
325 „ 350	708	728	7,3	8,8
350 „ 375	1384	1603	14,2	19,5
375 „ 400	859	527	8,8	6,4
400 „ 450	2540	1041	26,2	12,6
450 „ 475	1417	539	14,6	6,5
475 „ 500	676	179	7,0	2,2
500 „ 550	260	39	2,7	0,5
550 „ 600	77	5	0,8	0,1
600 und mehr				

Die Tabelle zeigt durchgehend eine Steigerung der Löhne, was sowohl hinsichtlich der absoluten wie der relativen Zahlen gilt. Er schreibt dazu: „Diese Steigerung ist einesteils auf die verteuerten Lebensbedingungen zurückzuführen, andernteils auch auf die in städtischen wie auch in privaten Werken üblichen Alterszulagen. Endlich sind auch naturgemäß die verschiedenen örtlichen Lohnsätze zu beachten." Daß diese sehr verschieden sind, zeigt eine von mir zusammengestellte Übersicht (Anhang VI).

Über die verschiedene Lohnhöhe für gelernte und ungelernte Arbeiter gibt die nachfolgende Tabelle (siehe S. 50) Auskunft[2].

Leider war nicht zu ermitteln, wieviel gelernte und wieviel ungelernte Arbeiter in den Gaswerken beschäftigt werden. Als gelernte Arbeiter dürften indessen nur verhältnismäßig wenige in Frage kommen, nämlich das Maschinenpersonal, die Rohrleger und die Installateure. Interessant ist

[1] Vgl. S. 42.

[2] Schnabel-Kühn nach der Statistik des Reichsamtes. S. 57.

Gelernte Arbeiter			Ungelernte Arbeiter		
Lohngruppen	1907	1902	Lohngruppen	1907	1902
unter 300 ℳ	0,1	1,3	unter 200 ℳ	2,4	4,4
300—325 ℳ	0,7	6,6	200—250 ℳ	2,7	8,3
325—350 ℳ	4,0	4,5	250—275 ℳ	5,8	15,9
350—375 ℳ	8,2	15,6	275—300 ℳ	10,2	8,5
375—400 ℳ	6,0	14,4	300—325 ℳ	11,2	19,3
400—450 ℳ	27,4	30,2	325—350 ℳ	7,0	11,6
450—500 ℳ	30,3	18,9	350—375 ℳ	17,7	26,7
500—550 ℳ	16,1	7,8	375—400 ℳ	10,1	2,1
550—600 ℳ	6,2	0,6	400—450 ℳ	25,9	2,4
600 und mehr	1,0	0,1	450—500 ℳ	5,3	0,3
			500 und mehr	1,7	0,5

auch hier zunächst die Verschiebung der Arbeitslöhne seit dem Jahre 1900. Die Löhne sind gestiegen und, was ebenfalls sehr interessant ist, die ungelernten Arbeiter kommen mit ihren Löhnen nahe an die gelernten heran.

Das starke Überwiegen der Tagelöhner erklärt sich aus der Eigenart der Betriebe bzw. ihrer Beschäftigung. Mit der bedeutenden Steigerung wächst naturgemäß auch die zu leistende manuelle Arbeit, für welche nur diese Arbeiter benötigt werden. Andererseits ist der Tagelöhner derjenige Arbeiter, der der Produktion entsprechend beschäftigt werden kann. Im Sommer wird ein Teil entlassen um im Winter eingestellt zu werden, ebenso wie bei der etwa steigenden Produktion allgemein. Anders verhält es sich mit den Wochen- und Monatslöhnern, die in der Regel das technisch geschulte Personal zur Bedienung der Maschinen stellen. Ihre notwendige Arbeitsleistung wächst nicht mit der steigenden Produktion, daher ihr gleichbleibender Anteil.

Außer den Löhnen werden besondere Zuschläge für Nachtarbeit, Überstunden oder besonders unangenehme Arbeiten gezahlt. Es ist aber hier davon abgesehen, die Zahlen wiederzugeben, da ihnen, wie das Reichsamt selbst bemerkt, keine große Bedeutung beizulegen ist.

Außer den Arbeitslöhnen ist noch maßgebend für die Gestaltung der Arbeitskosten die Schichtdauer. Nach den Ergebnissen der Statistik des Reichsamtes für Arbeiterstatistik betrug die übliche Arbeitszeit 1902 wie 1907 etwa zehn Stunden. Während aber 1902 von 24 Städten noch 6 eine Arbeitszeit von mehr als zehn Stunden haben, sind es 1907 nur noch 2. 1912 überwiegt bei weitem die zehnstündige Arbeitszeit. 1907 herrscht die acht- bis zehnstündige Arbeitszeit, so daß man in diesem Zeitraum wohl eine fortschreitende Verkürzung der Arbeitszeit annehmen kann.

Schnabel-Kühn schreibt[1]: „Die allgemeine Einführung der Achtstundenschicht wird vor allen Dingen von den Feuerhausarbeitern angestrebt. Es ist dies gerade für diese Arbeiterkategorie eine Forderung, die als durchaus berechtigt anerkannt werden muß. In mehreren Städten ist sie bereits verwirklicht worden. Nach der Statistik der Gasarbeiterverhältnisse an 30 Gaswerken in Rheinland und Westfalen haben unter 30 Städten 10 den Achtstundentag. Und nach einer Erhebung des „Verbandes der Gemeinde- und Staatsarbeiter" gab es deren 46. Ist auch eine weitere Ausbreitung des Achtstundentages nur zu wünschen, so mögen wegen der damit verbundenen höheren Betriebsausgaben aber gerade manche Städte davor zurückschrecken, denn in der Regel wird trotz gekürzter Arbeitsschicht der bestehende Schichtlohn weiterbezahlt. Die Mehrausgaben durch Einführung des Achtstundentages geben die Städte sehr verschieden an. Mainz z. B. mit 30—32 %, Essen mit etwa 33 %, Köln mit 50 % bei etwa 33 % Arbeitsverkürzung."

Bedauerlicherweise liegt für diese Frage sonst kein Material vor. Und wenn man berücksichtigt, daß von der großen Zahl bestehender Gaswerke nur 46 den Achtstundentag eingeführt haben, so ist das eine geringe Zahl. Andererseits findet sich häufig im J. G. W. die Bemerkung, daß in irgendeiner Form die Verkürzung der Arbeitszeit bei den einzelnen Werken angestrebt oder eingeführt werde. So wird man dann auch mit einiger Berechtigung sagen dürfen, daß allmählich überall die Schichtverkürzung verwirklicht wird und so zu einer Verteuerung führt, die allerdings, wie wir gesehen haben, für die Rentabilität der Gaswerke unmerklich ist.

Wenig oder gar kein Material liegt vor über die Belastung der Gaswerke durch die Einrichtungen für Wohlfahrtspflege. Die Gaswerke gehen hier verschieden vor; häufig werden hierfür auch noch andere Gründe, so insbesondere das Bestreben, einen guten Arbeiterstamm überhaupt heranzuziehen und zu erhalten, mitbestimmend. Die Leistungen der allgemeinen Kranken-, Invaliden- und Hinterbliebenenfürsorge werden in der Regel von der Gemeinde übernommen, da die Gaswerksarbeiter meist Gemeindearbeiter sind. Im übrigen sind die Leistungen hier sehr verschieden. Einzelne Gaswerke beschränken sich auf die Anschaffung von Rettungskästen, Bahren usw. und auf die Lieferung von Getränken wie Kaffee, Selterwasser; andere liefern ihren Arbeitern gratis Koks, noch andere wieder schaffen ihnen besondere gesunde Aufenthaltsräume usw.

[1] Schnabel-Kühn, S. 64 seines Werkes.

und schließlich bauen einzelne Gaswerke sogar für ihre Arbeiter Wohnungen.

Sicher ist auch hier, daß die Aufwendungen der Gaswerke im Laufe der Zeit gestiegen sind, sie sind aber so relativ gering, daß ihnen eine Bedeutung für unsere Frage nicht zukommt.

§ 6. Die Nebenprodukte.

a) Allgemeines[1].

Die verwertbaren Nebenprodukte der Leuchtgasfabrikation sind: Koks, Ammoniakwasser, Teer, Reinigungsmasse, Graphit. Es ist hier zunächst kurz einzugehen auf die allgemeine Stellung des Nebenproduktenerlöses in der Wirtschaftsrechnung der Gaswerke überhaupt.

Im allgemeinen ist es in der Praxis üblich, den Erlös für die Nebenprodukte den Kohlekosten gegenüberzustellen und den verbleibenden Rest als eigentliche Selbstkosten in die Selbstkostenermittelung für das Gas einzustellen. Diese Methode ist insofern berechtigt, als eben das, was durch Nebenprodukte aus der Kohle nicht gedeckt werden kann, auf das Hauptprodukt zurückfällt.

Vom Standpunkt der Theorie aus kann indessen dieser Methode nicht zugestimmt werden, denn sie bietet damit ein falsches Bild der Selbstkosten. Das Gas muß gewonnen werden ohne jede Rücksicht auf das Nebenprodukt; die Rentabilität des Betriebes darf nicht einen Augenblick durch andere Momente in Frage gestellt werden. Der Gaspreis allein muß die Kosten decken, und tut es auch praktisch bei den heute bestehenden Gaswerken. Was an Nebenprodukten gewonnen wird, ist eine Zugabe, deren Höhe ebensosehr von der sehr schwankenden Marktlage als von der Qualität der Kohle und der technischen Einrichtung des Gaswerks abhängt.

An dem Enderfolg ändert das ökonomisch nichts, nur praktisch hebt es die Notwendigkeit hervor, der Preisgestaltung der Nebenprodukte erhöhte Aufmerksamkeit zuzuwenden, denn sie sind Reingewinn und sie stellen auch den weitaus größten Anteil des Reingewinns der Gaswerke.

Direktor Möllers hat berechnet, daß die deutschen Gaswerke etwa 200 Mill. ℳ jährlich für Steinkohlen ausgeben. Aus diesen erlösen sie:

---

[1] Vgl. auch Weiß, Die Verwertung der Gasnebenprodukte in den städtischen Gasanstalten. Schriften des Vereins, Band Gemeindebetriebe.

für 8 Mill. t Koks	100	Mill. ℳ
„ Ammoniak	36	„ „
„ Teer	18	„ „
„ Schwefel in ausgebrannter Masse	2	„ „
„ Ferrozyankali	1,8	„ „
„ Graphit	0,15	„ „
	Sa. 157,95	Mill. ℳ

Für das Gaswerk München hat Schnabel-Kühn auf S. 135 seines Buches die folgenden Zahlen zusammengestellt. Es betrugen:

im Jahre	die Reineinnahmen aus den Nebenprodukten ℳ	aus den Nebenprodukten % des Reingewinns der Gasanstalt	der Gesamtreingewinn der Gasanstalt ℳ
1900	ca. 1 117 500	84,9	1 980 037
1901	„ 1 021 465	98,4	1 037 412
1902	„ 974 852	102,4	951 615
1903	„ 1 012 787	94,2	1 075 372
1904	„ 1 138 887	90,3	1 261 523
1905	„ 1 239 260	88,7	1 395 881
1906	„ 1 360 698	91,4	1 488 393

Im allgemeinen beträgt nach Lunge-Köhler die Ausbeute pro 100 kg Kohlen heute etwa 30 cbm Gas, 70 kg Koks, 5 kg Teer [1]. Von dem Koks sind zum Verkauf 50 kg frei, während 20 kg zur Unterfeuerung der Öfen und der Kessel dienen.

Nebenprodukte werden auch in der Kokerei gewonnen. In der Verwertung der Nebenprodukte unterscheidet sich die Leuchtgasindustrie wesentlich von ihrer größeren, obwohl viel jüngeren Schwester, der Kokereiindustrie. Bei der ersteren wird der ganze Betrieb in der Hauptsache gehalten durch das Leuchtgas, bei der letzteren dagegen ist das Gas nur ein mehr oder minder brauchbares Nebenprodukt. Die von den Kokereibetrieben hergestellten Produkte sind wertvoller als die der Leuchtgasindustrie, was wiederum mit der Ofenkonstruktion wie insbesondere mit den verschiedenen Temperaturen, mit denen gearbeitet wird, zusammenhängt. Ein Bild des Verhältnisses der Nebenprodukte bei beiden Industrien bietet die folgende Tabelle.

[1] Es hängt das aber ganz von den Öfen ab. Moderne Öfen liefern bessere Ausbeuten.

Heute entfallen vom Gesamterlös

	in Gasanstalten %	in Kokereien %
auf Gas	75	—[1]
„ Koks	20	72
„ Teer	2	5
„ Ammoniak	3	15
„ Benzol	—	8

wobei der Roherlös pro Tonne Kohle in den Gasanstalten mehr als das Dreifache desjenigen in Kokereien beträgt, daher die Nebenprodukte bei letzteren eine viel größere Rolle spielen als bei den Gasanstalten.

Es wurde schon oben gesagt, daß die Ausnutzung der Nebenprodukte in der Kokereiindustrie jungen Datums ist. Sie setzte erst etwa Mitte der neunziger Jahre ein, hat sich dann aber ganz rapide entwickelt, wie die folgenden Zahlen zeigen.

Jahr	Öfen in Betrieb ohne Nebenproduktengewinnung	Öfen in Betrieb mit Nebenproduktengewinnung	Kohlenbesatz trocken 1000 t	Koksproduktion 1000 t	Teerproduktion t	Ammoniaksulfatproduktion t	Wert in 1000 ℳ an Koks	Wert in 1000 ℳ an Nebenprodukten	Wert in 1000 ℳ in Summa
1884	306	20	227	143	129	35	1 743	16	1 760
1890	551	100	385	254	1 659	449	5 302	162	5 464
1900	635	313	705	536	7 347	1977	10 640	581	11 271
1910	160	747	1080	867	25 046	8547	14 283	3188	17 471

Auch einige Zahlen über die Verteilung der Produktion mögen hier von Interesse sein.

Zur Gewinnung von Koks wurden Steinkohlen eingesetzt

	1909	1910
inländische	31 713 020 t	34 558 696 t
ausländische	266 577 t	248 436 t
	31 979 597 t	34 807 132 t

Jahresproduktion in 1000 t.

	Koks 1909	Koks 1910	Teer 1909	Teer 1910	Benzole 1909	Benzole 1910	schwefelsaures Ammoniak 1909	schwefelsaures Ammoniak 1910
Rheinland-Westfalen	19 648	21 635	563	630	41	65	238	268
Saar	1 444	1 514	39	41	4	4	9	10
Niederschlesien	837	851	26	28	4	5	8	9
Oberschlesien	1 594	1 640	119	123	10	13	26	26
Sachsen-Thüringen	66	55	—	—	—	—	—	—

[1] Tatsächlich dürfte heute der Erlös für Gas auch bei den Kokereien bereits einige Prozente ausmachen.

Hiermit seien verglichen die obengenannten Zahlen von Möllers.

Die Nebenprodukte sind wirtschaftlich wie technisch lange Zeit hindurch von den Gaswerken recht nebensächlich behandelt worden. Man schlug sie los so gut es ging, jedenfalls ohne irgendwie selbständig zu versuchen, einen Einfluß auf die Preisgestaltung zu gewinnen oder diese wenigstens nach Möglichkeit auszunutzen. Erst in dem letzten Jahrzehnt ist man in dem Bestreben, die Rentabilität der Gaswerke zu steigern bzw. sie trotz der gestiegenen Kohlenpreise auf der bisherigen Höhe zu halten, einer rationelleren Ausnutzung der Nebenprodukte nähergetreten. Auch die sowohl durch die neueren Ofensysteme wie durch die gestiegene Gasproduktion erheblich größeren Nebenproduktenmengen an sich gaben die Veranlassung dazu. Über die allgemeine Entwicklung des Marktes ist folgendes zu sagen: Bis zur Mitte der neunziger Jahre war die Steinkohlengasindustrie die einzige Lieferantin für Nebenprodukte, die einen guten, aber sehr schwankenden Markt hatten. Hier sei nur erinnert an die Teerverwertung in der Anilinfarbenfabrikation. Dazu trat die beginnende Ausnutzung des Ammoniaks für die Stickstoffdüngung. Für die beiden obengenannten Produkte war jedoch der bestimmende Markt England, teils wegen seiner schon damals beträchtlich größeren Produktion, teils wegen des in seinen Händen konzentrierten Chilesalpeterhandels. Die deutschen Preise wurden durch den englischen Markt bestimmt. Auch heute ist England noch preisbestimmend, obwohl durch die Kokereien jetzt das Hauptgeschäft in Deutschland liegt. Hier kommt es auf die allgemeine Feststellung an, daß auch jetzt die Steinkohlengasindustrie mit ihren Produkten keinen preisbestimmenden Einfluß ausübt.

Etwas anders liegen die Dinge beim Koks. Hier hängen die Gaswerke, da ihr Koks für Hüttenzwecke unbrauchbar ist, also nur für Heizzwecke gebraucht wird, vom Kohlenmarkte ab; sie haben aber immer Gelegenheit, ihre Produkte am lokalen Markte abzusetzen.

Über die allgemeine Marktlage bzw. Entwicklung sei hier noch gesagt, daß die starken Schwankungen der Kohlenpreise in der Regel durch den Nebenproduktenerlös wieder wettgemacht wurden.

Die rationelle Verwertung der Nebenprodukte, insbesondere die Ausnutzung der Marktlage ist, wie schon oben gesagt wurde, eine schwierige Aufgabe für die einzelnen Gaswerke, und sie gab die Veranlassung, daß sie sich zu gemeinsamer Ausnutzung derselben zusammengeschlossen haben, und zwar in der Wirtschaftlichen Vereinigung Deutscher Gaswerke A.-G. in Köln. Dieselbe besorgt allerdings nicht nur den Vertrieb, sondern auch den Einkauf sowohl von Kohle als auch den sonstigen Bedarfsartikeln, insbesondere Rohr usw. (Näheres siehe S. 108.)

Für den Weitervertrieb einzelner Produkte, insbesondere von Koks, hat die Wirtschaftliche Vereinigung ihrerseits weitere Gesellschaften gegründet und zwar unter der Firma Gaskoks-Vertrieb G. m. b. H. in Berlin, Sächsisch-Thüringische Gaskoks-Vertriebsgesellschaft in Erfurt, Bergische Gaskoks-Vertriebsgesellschaft in München, Süddeutsche Gaskoks-Vertriebsgesellschaft G. m. b. H. in Mannheim.

Die Erfolge der Wirtschaftlichen Vereinigung werden bei den einzelnen Produkten besprochen.

Neben der Wirtschaftlichen Vereinigung bestehen noch verschiedene kleinere Verbände mit dem gleichen Zweck. Als solche seien genannt: die Wirtschaftliche Vereinigung von Gaswerken in Frankfurt a. O., die Wirtschaftliche Vereinigung thüringischer Gaswerke in Crimmitzschau.

Ferner sind die einzelnen Gaswerke für die Ausnutzung ihrer Produkte folgenden Vereinigungen angeschlossen: Deutsche Ammoniak-Verkaufsvereinigung Bochum, Deutsche Teerverkaufsvereinigung Bochum, Gesellschaft für Teerverwertung Duisburg-Meiderich, Deutsche Teerproduktenvereinigung, Berlin.

Eine vergleichende Übersicht der von der wirtschaftlichen Vereinigung erzielten Preise und der Marktpreise bieten die nachfolgenden Angaben von Möllers, des früheren Direktors der Wirtschaftlichen Vereinigung, die ich J. G. W. 11/447 entnehme. Möllers sagte:

„Da bestimmte Angaben aus anderen Gebieten nicht zu haben sind, muß ich mich darauf beschränken, Ihnen einige Angaben aus dem Ruhrkohlengebiet zu machen, das Ihnen als den rheinisch-westfälischen Fachmännern ja auch näher liegt. Die Erzeugung betrug im Jahre 1899 77 000 t; für 1910 wird sie mindestens 450 000 t betragen. Die Preise betrugen:

1899	23,60 ℳ pro t	1905	21,80 ℳ pro t
1900	26,60 ℳ „ t	1906	21,30 ℳ „ t
1901	27,40 ℳ „ t	1907	20,55 ℳ „ t
1902	23,20 ℳ „ t	1908	20,70 ℳ „ t
1903	24,70 ℳ „ t	1909	21,00 ℳ „ t
1904	32,40 ℳ „ t		

In der „Wirtschaftlichen Vereinigung" in Köln erzielten wir:

1905/06	23,67 ℳ pro t	1908/09	22,29 ℳ pro t
1906/07	24,85 ℳ „ t	1909/10	21,92 ℳ „ t
1907/08	23,64 ℳ „ t	1910/11	23,00 ℳ „ t

Obwohl hier die außerordentlich zerstreute Lage der Gesellschaftswerke und die zu zahlenden Frachten den Durchschnittserlös herabdrücken, sind diese Preise nicht unerheblich höher. Geht man auf das Gründungsjahr der erwähnten Großdestillation

Meiderich zurück, so könnte man schließen, daß die von 27,40 ℳ in 1901 auf 21,80 ℳ in 1905 gesunkenen Preise eine Verarbeitung des Teers notwendig gemacht haben."

b) Der Koks.

Das wichtigste und auch bei weitem umfangreichste Nebenprodukt ist der Koks.

Der Gaswerkskoks unterscheidet sich von demjenigen der Kokereien durch eine geringere Qualität, die ihn für industrielle Zwecke, d. h. für die Verhüttung von Erzen unbrauchbar bzw. wenig geeignet macht. Der Gaswerkskoks wurde daher ursprünglich für Hausbrand verwendet. Ein Teil des erzeugten Kokses wird in den Öfen selbst verfeuert.

Der Koksmarkt wird völlig beherrscht durch den Zechenkoks, wie aus den folgenden Zahlen hervorgeht.

Die Kokserzeugung in Deutschland betrug nach dem Jahresbericht des Oberbergamtsbezirks Dortmund:

1903	11 509 259 t	1907	21 938 038 t
1904	12 331 163 t	1908	21 174 956 t
1905	16 491 427 t	1909	21 407 976 t
1906	20 265 572 t		

Über die Höhe der Koksproduktion der deutschen Gaswerke liegen keine Angaben vor. Nach der Menge der vergasten Kohlen unter Annahme von 68 kg Koksausbeute schätzt Schnabel-Kühn die Kokserzeugung in deutschen Gaswerken im Jahre

1896	auf 1 900 000 t
1905	„ 3 750 000 t
1908	„ 4 100 000 t

Die Koksausbeute hängt von der Qualität der Kohle wie von der Konstruktion der Öfen ab. Die Ausbeute an Koks ist bei den neueren Ofenkonstruktionen gestiegen.

Bezüglich der Qualität der Kohle gilt das auf S. 30 ff. Gesagte; das Gaswerk ist hier zum großen Teil auf die Gnade der Zeche angewiesen. Das einzelne Werk, das verschiedene Kohlensorten verwendet, hat durch Erfahrung bestimmte Mischungen als besonders günstig herausgefunden.

Über die praktisch erzielten Koksausbeuten schreibt der Jahresbericht des Vereins der Gas- und Wasserfachmänner für 1910/11 auf S. 143.

„Teilt man hier auch in Werke von drei Größen ein, so zeigt sich, daß die größeren Werke, welche von den neueren Einrichtungen Gebrauch machen können, zum Teil beträchtlich mehr Koks zum Verkauf behalten als die kleineren Werke. Große Werke behalten pro Tonne Kohlen 465 kg. Mittlere Werke 436,5 kg und kleine Werke 380 kg Koks."

Wie sehr bei den einzelnen Werken die Koksausbeuten tatsächlich schwanken, das zeigt die von mir zusammengestellte Tabelle auf S. 139.

Die Qualität des Kokses ist bei einzelnen Öfen verschieden. Die Entwicklung ist hier noch nicht beendet. Vielmehr sind ständig Fortschritte zu verzeichnen. Ebenso sind die bei den neueren Öfen bei der Koksunterfeuerung erzielten Ersparnisse noch nicht auf dem Höchstpunkte angelangt [1].

Der Koksmarkt unterlag bis in die letzten Jahre hinein, sowohl was die Preise wie die Mengen anlangt, sehr großen Schwankungen. Man überließ alles dem Zufall und bemühte sich weder die Qualität des Kokses zu verbessern noch sich überhaupt feste Abnehmer zu verschaffen. Bestimmend für die Preise sind hier an erster Stelle die Kohlenpreise. Hohen Kohlenpreisen schließt sich ein Anziehen der Gaskokspreise an, da sich die Nachfrage diesem zuwendet. Weiter spricht hier mit die Knappheit an Zechenkoks aus Mangel an solchem, was aber seltener vorkommt, oder aus Wagenmangel, endlich auch die Witterung; kaltes Wetter steigern die Nachfrage für Hausbrand.

Endlich machten sich lange die Gaswerke auf dem Koksmarkte vielfach selbst eine schädliche Konkurrenz. Die sich ansammelnden großen Koksmengen, besonders in den Sommermonaten, zwangen die einzelnen Werke, den Koks billig nach anderen Orten abzugeben, oft für jeden Preis, um nur die lästigen großen Bestände zu räumen. Sehr schlechten Absatz finden die Werke vor allem in den Kohlenbezirken und so auch vielfach einzelne Werke mit schlechtem Koks. So kam es häufig vor, daß das einzelne Gaswerk am Ort von weit abliegenden Werken unterboten wurde. Recht interessant sind die Ergebnisse der vom Verein der Gas- und Wasserfachmänner erhobenen wirtschaftlichen Statistik hierüber. Der schon mehrfach erwähnte Jahresbericht der Gas- und Wasserfachmänner schreibt darüber: „Von dem verkäuflichen Koks, der in der Statistik nachgewiesen ist, werden durchschnittlich 81,5 % nach auswärts (d. h. außerhalb des Erzeugungsortes) gesandt.

Nach wirtschaftlich-geographischen Gebieten zeigt sich hier ein ganz auffallender Unterschied.

---

[1] In einer persönlichen Mitteilung an den Verfasser wies Oberingenieur Othmer darauf hin, daß bislang noch gar keine Ausnutzung der Abwärme des glühenden Kokses erfolge.

Vom verkäuflichen Koks gehen nach außerhalb:

I.	Provinz Brandenburg	5,8 %
II.	Ostpreußen, Westpreußen, Pommern, Posen	5,7 %
III.	Schlesien	18,8 %
IV.	Königreich Sachsen	25,4 %
V.	Provinz Sachsen und thüringische Staaten	12,9 %
VI.	Großherzogtum und Provinz Hessen, Rheinpfalz	25,5 %
VII.	Königreich Bayern	6,9 %
VIII.	Württemberg, Baden, Elsaß-Lothringen	17,4 %
IX.	Rheinland-Westfalen	47,5 %
X.	Hannover, Oldenburg, Braunschweig, Bremen	11,6 %
XI.	Schleswig-Holstein, Mecklenburg, Hamburg, Lübeck	16,6 %

Eine vergleichende Feststellung des Kokserlöses für mehrere Jahre fehlt. Auch Werte aus dem Statistischen Jahrbuche wiederzugeben, hat keinen Zweck, denn eine große Bedeutung haben sie nicht, da eben die Zechenkokspreise wegen eines anderen Marktes nicht maßgebend für die Gaskokspreise sind. Auch über die Spannung der Preise für Zechenkoks und Gaskoks läßt sich wenig sagen. Einen Anhalt gewährt die folgende Bemerkung in einem Marktbericht des J. G. W. 13/291. „Die Spannung zwischen Gaskoks und Zechenkoks sinkt weit unter 10 % und die Folgen dürften nach Jahresfrist leider die nicht beteiligten Gaswerke am meisten spüren."

Weiter seien hier noch einige Zahlen für Berlin angegeben, die Körting, Generaldirektor der Berliner englischen Gasanstalten, bei den Verhandlungen der Gas- und Wasserfachmänner auf der 52. Jahresversammlung mitteilte.

Es betrug der Kokspreis in Berlin pro Tonne:

1903	13,5 M	1908	21 M
1904	14 M	1909	20 M
1905	15 M	1910	18 M
1906	15 M	1911 unter	16 M
1907	17,5 M		

Die von der Wirtschaftlichen Vereinigung erzielten Kokspreise siehe unten.

Welche Ausbeuten an Koks und welche Erlöse dafür die einzelnen Werke erzielten, zeigt recht deutlich eine Tabelle des Anhangs VII.

Sie läßt auch erkennen, welche große Bedeutung dem Kokserlös absolut genommen zukommt und sie zeigt damit, wie fühlbar größere Preisschwankungen, wie sie schon in den vorhin genannten wenigen Zahlen für Berlin zum Ausdruck kommen, werden müssen. Und dabei ist Berlin ein Werk, das nur ganz verschwindende Mengen an Koks nach draußen absetzen muß.

Trotzdem waren die Gaswerke hier lange untätig. Erst etwa seit den Jahren 1903/04 hat sich die Situation dank der Initiative der Gaswerke etwas gebessert. Man wurde sich klar darüber, daß der Koks ein durchaus gutes und nicht minderwertiges Brennmaterial sei, für das man sich einen ständigen, nicht von der Witterung abhängigen Konsumentenkreis gewinnen müsse. Diesen fand man vor allem in der Industrie und in der Zentralheizung. Ist der Koks auch für die Verhüttung nicht brauchbar, so ist er doch gut verwendbar für Heizzwecke. Zunächst waren die Werke bestrebt, die Qualität ihres Kokses zu verbessern, um höheren Anforderungen genügen zu können. Alsdann wurde mit einer zielbewußten Propaganda für Koksverbrauch begonnen; angefangen mit Plakaten bis hin zu der Ausnutzung persönlich amtlicher Beziehungen. Insbesondere die Verwendung des Kokses für zentrale Heizungsanlagen ist ein Gebiet, das sehr gepflegt wird, und auch mit voller Berechtigung, denn gerade durch Fortfall des Rauches ist der Koks besonders für Großstädte ein ideales Heizmittel. Auch mit den ansässigen Händlern trat man in nähere Beziehungen. Endlich wurde auch eine sachliche Preispolitik eingeschlagen. Im Gegensatz zu der früheren rücksichtslosen Ausnutzung jeder Preisavance tritt jetzt eine mäßige Preispolitik und damit eine Unterstützung der Koksbezieher in den schweren Zeiten. Das Ziel ist heute die Gewinnung von Verbrauchern am Ort, die einen ständigen Bedarf haben. Aus der Sorge um den Koksabsatz, die infolge der durch die erhöhte Gasproduktion ebenso wie durch größere Koksausbeute bei den neueren Ofensystemen beträchtlich gestiegenen Koksmengen ständig dringender wurde, ist auch die Wirtschaftliche Vereinigung der Gaswerke A.-G. Köln hervorgegangen. Es wurde schon bemerkt, daß die Gaswerke vielfach ihren Koks in dem natürlichen Absatzgebiete anderer Werke absetzten. Hierfür noch einige Zahlen.

Es verteilte sich der Koksabsatz bei den genannten Städten nach einer Statistik des Vereins der Gas- und Wasserfachmänner wie folgt:

Städte	Ortsabsatz in %	Fernabsatz in %	Städte	Ortsabsatz in %	Fernabsatz in %
Leipzig	45,77	54,23	Krefeld	19,60	80,40
Düsseldorf . .	50,51	49,49	Mülheim a. R. .	31,20	68,80
Bonn	74,00	26,00	Mainz	47,43	52,57
Berlin	96,00	4,00	Höchst a. M. .	39,40	60,60

Dieser Fernabsatz war nun aber weder für die absetzenden Werke wegen der Frachten noch für die so der Konkurrenz ausgesetzten Werke vorteilhaft. Infolgedessen traten 1904 unter Führung des Vereins der Gas- und Wasserfachmänner eine Reihe von Gaswerken zu einem Gaskokssyndikat zusammen, das als Aktiengesellschaft gegründet wurde und den obigen Namen führte[1]. Die syndizierten Werke sichern sich gegenseitig Konkurrenzfreiheit zu, d. h. sie verpflichten sich, keinen Koks in das natürliche Absatzgebiet anderer Werke direkt oder indirekt zu liefern. Koks, der nicht von den Gaswerken in ihrem natürlichen Absatzgebiet verkauft wird, wird durch die Wirtschaftliche Vereinigung abgesetzt. Über den praktischen Erfolg dieser Maßnahmen berichtet z. B. Osnabrück, daß 1911/12 der Ortsverkauf von 55,2 % auf 72 % gestiegen war, so daß nur 28 % durch die Wirtschaftliche Vereinigung zu verkaufen waren.

Die von der Wirtschaftlichen Vereinigung abgesetzten Koksmengen und die erzielten Erlöse sind in der Tabelle (Anhang XIV) ersichtlich gemacht.

Als Ergänzung dazu seien die folgenden Zahlen wiedergegeben, die J. G. W. 1906 aus dem Jahresbericht der Vereinigung veröffentlichte.

Die Wirtschaftliche Vereinigung vertrieb im Jahre 1906/07 239 928 t Koks.

Davon entfielen auf

			Durchschnittspreis	
die westdeutsche Gruppe	I	119 615 t	14,99 M	pro 1 t frei Waggon Versandstation
„ süddeutsche „	II	66 372 t	19,74 M	
„ norddeutsche „	III	36 524 t	16,05 M	
„ mitteldeutsche „	IV	17 417 t	18,57 M	
		239 928 t	16,72 M	
gegen 1905/06		200 750 t	15,37 M	

c) Das schwefelsaure Ammoniak.

Ammoniak findet sich im Leuchtgas, wenn dasselbe die Retorten verläßt. Es würde beim Verbrennen an der Verbrauchsstelle gesundheitsschädlich wirken und wird daher aus dem Gase „ausgewaschen". Das die Wäscher verlassende ammoniakhaltige Wasser wird Gaswasser genannt und bei größeren Werken selbständig auf schwefelsaures Ammoniak verarbeitet oder bei kleineren an entsprechende Fabriken noch weiterverkauft.

Das schwefelsaure Ammoniak findet als Düngemittel zum Ersatz für Chilesalpeter in der Landwirtschaft Verwendung.

Auf dem Markte dieses Nebenproduktes spielen die deutschen Gaswerke keine führende Rolle.

Der Ammoniumsulfatmarkt wird heute noch von England beherrscht. Diese Vorherrschaft Englands geht auf die früheren Jahrzehnte zurück.

[1] Näheres über die Organisation siehe Seite 109.

Bis zum Jahre 1895, wo die Ammoniakgewinnung der Kokereien einsetzt, war die Ammoniakgewinnung auf die Leuchtgasindustrie beschränkt, und hier herrschte England mit einer bedeutenden Leuchtgasindustrie bei weitem vor. Dazu trat, daß in England auch der Salpeterhandel konzentriert war, und so richtet sich der Ammoniakhandel ganz nach den englischen Notierungen und auch nach den englischen Usancen. Seit 1895, dem Eintreten der Kokereien, ist die Produktion Deutschlands so gestiegen, daß sie die englische bereits im letzten Jahre übertrifft. Seitdem wird der deutsche Ammoniakmarkt von den Kokereien beherrscht, immer aber noch unter Führung von England. Hier sei denn auch noch gleich bemerkt, daß das Ammoniak dem Preise des älteren Stickstoffdüngemittels ziemlich genau folgt. Der Stickstoffgehalt in beiden verteilt sich folgendermaßen: Chemisch reines Sulfat enthält etwa 21,21 % Stickstoff bzw. 25,75 % Ammoniak, reiner Salpeter, Handelssulfat hat 20—25 % Stickstoff gegenüber 15—15,5 % beim Salpeter.

Über die technische Brauchbarkeit der beiden ist folgendes zu sagen: Chilesalpeter wirkt schneller aber nicht nachhaltig und verkrustet den Boden durch seinen Natrongehalt, Ammoniumsulfat wirkt langsamer, löst sich im Boden und hat daher eine nachhaltige Wirkung. Im allgemeinen ist die Meinung, daß die Düngung mit Ammoniumsulfat noch vorteilhafter ist als die mit Chilesalpeter und so geht man denn in der deutschen Landwirtschaft ständig mehr zur letzteren über, was im Interesse der deutschen Volkswirtschaft nur zu begrüßen ist. Über die Entwicklung und Verteilung der deutschen Produktion geben die folgenden Zahlen (in 1000 t) Aufschluß, welche ich dem Werke von Lunge-Köhler [1] entnehme.

Jahr	Aus Gaswerken	Aus Kokereien	Gesamtsulfat	Überschuß des Sulfats der Einfuhr über Ausfuhr
1897	15	70	84	30
1898	14	84	98	26
1899	16	84	100	27
1900	18	88	106	21
1901	20	113	133	35
1902	23	117	140	36
1903	26	120	146	30
1904	30	152	182	24
1905	35	168	203	27
1906	38	197	235	—

[1] Lunge-Köhler, Die Industrie des Steinkohlenteers und Ammoniaks. Bd. II, S. 385.

Nach dem Geschäftsbericht der deutschen Ammoniakvereinigung betrug die Erzeugung an schwefelsaurem Ammoniak:

1907 . . .	287 000 t	1910 . . .	373 000 t
1908 . . .	313 000 t	1911 . . .	— t
1909 . . .	322 000 t	1912 . . .	— t

wovon etwa je 40 000 t aus der Leuchtgasindustrie entstammen.

Über die Anteile der Kokereien in den einzelnen Kohlenbezirken geben die folgenden Zahlen Aufschluß.

Die Erzeugung von Sulfat im Oberbergamtsbezirk Dortmund betrug nach dem Jahresbericht des Oberbergamts Dortmund:

1901	39 089 t	1906 . . .	144 300 t
1902	45 433 t	1907 . . .	161 023 t
1903	51 928 t	1908 . . .	175 919 t
1904	68 483 t	1909 . . .	194 635 t
1905	38 990 t		

Die Sulfatproduktion des schlesischen Kohlenreviers verteilt sich seit 1905 nach Großmann (Chemische Industrie, 11/439) wie folgt:

	Oberschlesien	Niederschlesien
1905	21 133	4098
1906	20 035	4728
1907	20 555	5737
1908	21 881	6509
1909	21 780	?
1910	26 305	?

Was nun die Preisgestaltung des Ammoniumsulfats anlangt, so ist darüber folgendes zu sagen:

In den ersten Jahren hatte das Ammoniumsulfat stark unter der Konkurrenz des Salpeters zu leiden und mußte verhältnismäßig billig sein. Mit steigender Einführung dagegen näherte er sich dem Preise des Chilesalpeters, natürlich auf Stickstoff umgerechnet, und machte dessen Preisschwankungen, vielfach sehr spekulativer Art, mit. Seit einigen Jahren haben sich auch die Salpeterproduzenten syndiziert und so bessere Preise erzielt. Es verlautet, daß der Markt für Ammoniumsulfat ständig besser wird, da die Salpeterproduzenten nicht unter 16 ℳ liefern können. Eine entsprechende Festigkeit erhielt der Markt auch durch die Syndizierung der Kokereien. Für Westdeutschland übernahm den Verkauf die deutsche Ammoniumsulfat-Vereinigung, für Schlesien die Firma Oberschlesische Kohlenwerke und chemische Fabriken. Beiden Vereinigungen sind auch Gaswerke und die Wirtschaftliche Vereinigung angeschlossen. Maßgebend werden die Preise der deutschen Ammoniak-Vereinigung, die wir in folgender Tabelle wiedergeben.

Jahr		Jahresdurchschnittspreis	Jahr		Jahresdurchschnittspreis
1895 . . .	10 053 t	—	1903 . . .	64 675 t	232,00 ℳ
1896 . . .	21 377 t	160,40 ℳ	1904 . . .	82 702 t	235,60 ℳ
1897 . . .	32 488 t	155,10 ℳ	1905 . . .	102 483 t	234,60 ℳ
1898 . . .	43 091 t	171,00 ℳ	1906 . . .	129 887 t	236,00 ℳ
1899 . . .	45 761 t	192,80 ℳ	1907 . . .	156 833 t	239,40 ℳ
1900 . . .	49 223 t	210,00 ℳ	1908 . . .	172 450 t	229,60 ℳ
1901 . . .	48 957 t	213,00 ℳ	1909 . . .	176 404 t	223,80 ℳ
1902 . . .	62 465 t	218,00 ℳ			

Über die großen Verschiedenheiten des Erlöses für Ammoniak und auch der Ausbeuten siehe die Tabellen Anhang VII, XI. Sie zeigen auch deutlich die Rolle, die dem Erlös für Ammoniak im Vergleich zu den anderen Nebenprodukten zukommt. Tritt sie auch an Bedeutung wesentlich hinter den Kokserlös zurück (etwa 20—30 %), so hat sie absolut doch eine recht große Bedeutung. Auch größere Preisänderungen würden sich hier bemerkbar machen. Auffällig sind allerdings die von den einzelnen Werken erzielten, außerordentlich verschiedenen Preise. Diese Verschiedenheit ist an sich eine aber mehr äußerliche, da das Ammoniak in sehr verschiedenem Grade konzentriert und verkauft wird. Im allgemeinen wird für die größeren Gaswerke angegeben, daß die Erlöse ziemlich die gleichen seien. Die größeren Werke verarbeiten durchgehend das Gaswasser zu schwefelsaurem Ammoniak. Schlecht gestellt sind dagegen die kleinen Werke, die keine besonderen Anlagen für die Konzentration und die Weiterverarbeitung besitzen. Neuerdings sollten aber auch schon für kleine Werke rationell arbeitende Anlagen gebaut werden. Es liegt leider darüber kein Material vor, wieweit sich der Erlös durch Weiterverarbeitung des rohen Gaswassers steigert. Allgemein kann wohl aber gesagt werden, daß auch die Ammoniakausbeute bei vielen, insbesondere kleineren Werken noch nicht immer auf der Höhe ist. Die Kohlequalität spricht hier ebenso mit wie die Ofenkonstruktion.

Die von der Wirtschaftlichen Vereinigung deutscher Gaswerke umgesetzten Mengen und die dafür erzielten Erlöse sind aus einer Übersicht (Anhang XIV) auf S. 149 ersichtlich.

d) Der Teer.

Das dritte, eine besondere Beachtung verdienende Nebenprodukt der Gaserzeugung ist der Teer.

Die beispiellose Entwicklung der Teerindustrie ist bekannt. Sie hat zur Folge gehabt, daß die Preisgestaltung des Teers eine außerordentlich schwankende war. Auch hier haben die deutschen Gaswerke keine führende Rolle gehabt. Ursprünglich war der Hauptproduzent England mit seinen Gaswerken, obwohl die Industrie der Teerverarbeitung eine völlig deutsche war. Trotz starker Schwankungen waren die Preise doch durchgehend hohe, zum großen Teil hervorgerufen durch eine sehr große Nachfrage von seiten der Farben- bzw. Textilindustrie. Das gab mit die Veranlassung zur Aufnahme der Nebenproduktengewinnung in der Kokerei. Hier hat dann diese die Führung übernommen und damit auch das Schwergewicht des Teerhandels nach Deutschland gezogen.

Zunächst seien im folgenden einige Zahlen über die Entwicklung und den Stand der Teerproduktion nach Lunge-Köhler wiedergegeben.

Es hatten von bestehenden Koksöfen in Deutschland:

1890 fast keine Nebenproduktengewinnungsanlagen
1895 etwa 30 % " "
1900 " 62 % " "
1900/05 alle neueren Öfen Nebenproduktengewinnungsanlagen.

Das Hauptproduktionsgebiet ist das Ruhrgebiet. Hier betrug die Zahl der Teeröfen:

1894	687
1900	2964
1904	5844

Oberschlesien besaß im Jahre 1904 1996 Teeröfen.

Die deutsche Kokereiteerproduktion betrug in 1000 t:

	1904	1907	1908	1909
Oberbergamtsbezirk Dortmund	176	402	460	494
Niederrheinisch-westfälischer Bezirk	67	99	94	107
Oberschlesien	67	99	94	107
Niederschlesien	11	18	20	20
Saar- und andere Bezirke	10	15	15	20
Insgesamt	263	534	590	641

Die Gasteerproduktion betrug:

1907	318 000 t
1908	350 000 t

Danach belief sich die deutsche Gesamtproduktion an Teer:

1907 auf	852 218 t
1908 "	939 500 t
1909 "	1 000 000 t

Von der deutschen Gesamtteerproduktion entfallen auf den Oberbergamtsbezirk Dortmund:

1897	38 623 t	1904	175 863 t
1898	64 695 t	1905	247 475 t
1899	73 362 t	1906	360 750 t
1900	77 088 t	1907	402 557 t
1901	94 914 t	1908	439 797 t
1902	109 723 t	1909	486 587 t
1903	127 873 t		

Für das Jahr 1901 finden wir folgende Produktionszahlen für Teer:

England	908 000 t
Deutschland	590 200 t
Vereinigte Staaten von Amerika	272 400 t

Die Gesamtproduktion der Welt wird auf 2,6 Mill. Tonnen berechnet.

Die Teerverwertung hat mancherlei Wandlungen durchgemacht. Ursprünglich wurde Teer hauptsächlich für Anilinfarben, insbesondere für die Gewinnung des Benzols verwendet. Mit dem Eintreten der Kokereiindustrie wurde Benzol aus Koksofengas gezogen. Dazu trat, daß der Gasteer in der Qualität bzw. Benzolgehalt zurückging. Heute wird der Teer von den Werken an Destillationen weiterverkauft oder anderweitig roh verwendet. Roher Steinkohlenteer dient folgenden Zwecken:

a) zur Destillation;
b) als Heizmaterial;
   1. unmittelbar unter die Gasretorten oder bei Generatorfeuerung;
   2. mit Kohlenklein usw. als Pech gemischt für Brikettherstellung;
c) zur Gasbereitung (Teeröle);
d) zur Rußfabrikation;
e) als Konservierungsmittel und zum Anstrich von Mauerwerk, Metall, Holz und Pappe (Pappdächer);
f) zur Desinfektion (Gewinnung von Karbol);
g) zur Gewinnung von Teeröl.

Im J. G. W. 13/491 wird geschrieben:

„Für die Teerverwertung sind in den letzten Jahren verschiedene Absatzgebiete erschlossen. Dabei kommt die Straßenteerung besonders in Betracht. Hauptsächlich aber ist für das Wirtschaftsleben der Ersatz der Dampfmaschinen durch Dieselmotoren von Bedeutung, indem es gelungen ist, Teeröl und Teer von Gaswerken zu motorischen Zwecken zu verwenden. Bei zunehmender Einführung derselben kann einer Überproduktion gesteuert werden."

Die Teerproduktion ist absolut wie relativ gestiegen, was mit verbesserten Konstruktionen der Öfen zusammenhängt. Im übrigen ist die

Teerausbeute, wenn auch nicht in dem gleichen Maße wie die anderen Produkte, von der Qualität der Kohle abhängig.

Was nun die Entwicklung der Teerpreise selbst anlangt, so geht sie aus den folgenden Tabellen hervor.

Die Ausfuhrstatistik des Deutschen Reiches bewertet den Steinkohlenteer für 1 t:

1895 mit . . .	45,00 ℳ	1905 mit . . .	37,50 ℳ
1900 „ . . .	52,00 ℳ	1907 „ . . .	40,00 ℳ
1904 „ . . .	56,50 ℳ	1912 „ . . .	32,50 ℳ

Die Durchschnittspreise im deutschen Handel sind aus den nachfolgenden Zahlen ersichtlich:

70 er Jahre ca. . .	30,00 ℳ pro 100 kg	
80 er Jahre Anfang	30,00 ℳ „ „ „	
1884/85	50,00 ℳ „ „ „	infolge Zurückhaltung großer Mengen in England
1886/87 starker Preisfall, da England die eingesperrten Mengen auf den Markt brachte		
1888 tiefster Stand	20,00 ℳ pro 100 kg	
1891	45,00 ℳ „ „ „	da Krieg in Sicht, der starke Nachfrage nach Karbolsäure und anderen Teerprodukten hervorrief
90 er Jahre	30,00 ℳ „ „ „	

was als Normalpreis galt. Dann setzt die Nebenproduktengewinnung der Kokereien ein, die die Teererzeugung der Gasanstalten bald um das Doppelte überflügelte, sowie die Benzolerzeugung von Brunck in Dortmund aus Koksofengasen (bis 14,5 kg pro Tonne vergaster Kohlen), wodurch naturgemäß der Teerpreis noch weiter sank. In den letzten Jahren war die Preisgestaltung folgende:

1899 . .	23,10 ℳ pro t	1906 . .	21,30 ℳ pro t
1900 . .	26,60 ℳ „ t	1907 . .	20,50 ℳ „ t.
1901 . .	27,40 ℳ „ t	1908 . .	20,70 ℳ „ t
1902 . .	23,40 ℳ „ t	1909 . .	20,70 ℳ „ t
1903 . .	24,70 ℳ „ t	1910 . .	20,50 ℳ „ t
1904 . .	23,40 ℳ „ t	1911 . .	20,50 ℳ „ t
1905 . .	21,80 ℳ „ t	1912 . .	20,50 ℳ „ t

Heute schwankt der Teerpreis um 20 ℳ und er wird sich dauernd um diesen Preis herumbewegen. Dazu schreiben nämlich Lunge-Köhler auf S. 14 von Teil I ihres Werkes:

„Gegenwärtig steht der Teerpreis auf 2 ℳ pro Doppelzentner und es ist nicht anzunehmen, daß sich in absehbarer Zeit hierin etwas ändern wird. Gegen eine Erhöhung spricht die steigende Produktion der Kokereien, gegen ein Sinken die Tatsache, daß er bei 1,70 ℳ pro Doppelzentner vorteilhaft verfeuert wird. Ob der Teer für Straßenbau wichtig werden wird, ist heute noch fraglich."

Auch in der Teerproduktion beherrscht England den Markt dank seiner früh ausgebauten Leuchtgasindustrie. 1850 begann dort die Verwertung des Teers durch die Leuchtgasindustrie. Dazu trat die Verwertung des Sulfats für Zuckerrübenbau. So brachte Mitte der achtziger Jahre bereits in England die Teer- und Ammoniakausbeute etwa 82 % der Kohlenkosten auf. Die Kohlenkosten betrugen damals ca. 12 ℳ pro Tonne.

Vergleichsweise mögen hier die englischen Teerpreise wiedergegeben werden. Ich entnehme sie aus Haarmann, Nebenproduktenindustrie der Steinkohle, Dresden 1910, S. 15.

Es kostete in England 1 dz Teer:

1883	5,40 ℳ			1901	1,40—1,80	Mittel	1,60 ℳ
1884	3,45 ℳ			1902	1,50—1,80	„	1,65 ℳ
1885	1,18 ℳ			1903	2,15—2,65	„	2,40 ℳ
1887	1,48 ℳ			1904	2,25—2,70	„	2,48 ℳ
1895	1,80—2,00 ℳ	Mittel	1,90 ℳ	1905	1,80—2,20	„	2,00 ℳ
1896	1,80—2,40 ℳ	„	2,10 ℳ	1906	1,80—2,20	„	2,00 ℳ
1897	1,75—2,35 ℳ	„	2,05 ℳ	1907	1,40—1,80	„	1,60 ℳ
1898	1,30—1,57 ℳ	„	1,50 ℳ	1908	1,35—1,75	„	1,55 ℳ
1899	1,40—1,95 ℳ	„	1,68 ℳ	1909	1,10—1,48	„	1,19 ℳ
1900	1,65—2,55 ℳ	„	2,10 ℳ				

Die deutschen Teerpreise sind höher als die englischen; das ist zum großen Teil auf die in Deutschland bestehende Syndizierung zurückzuführen. In Deutschland bestehen die folgenden Syndikate, denen zwar meist Kokereien, aber auch eine Reihe von Gaswerken angehören.

1. die deutsche Teerverkaufsvereinigung zu Bochum;
2. die Gesellschaft für Teerverwertung m. b. H. in Duisburg-Meiderich;
3. die deutsche Teerproduktenvereinigung G. m. b. H. in Essen.

Die unter 1. genannte Vereinigung, welche für Teer und Teerprodukte dieselben Zwecke verfolgt wie die Ammoniakverkaufsvereinigung, beschränkt ihr Gebiet auf den von den Kokereien im Oberberg, Amtsbezirk Dortmund hergestellten Teer und die Teererzeugnisse dieses Gebietes. Sie hat eine Verringerung ihrer Interessensphären dadurch erlitten, daß sich 1. Januar 1906 der unter 2. genannten Vereinigung ein Teil der Gesellschafter angeschlossen hat. Die Gesellschaft, deren Mitglieder ausschließlich dem rheinisch-westfälischen Industrierevier angehören, hat eine eigene Teerdestillation errichtet, um durch die Zentralisation billiger zu arbeiten, insbesondere um die Gewinnung von Phenol, Kresol u. a. lohnender als in den Einzeldestillationen zu gestalten und durch Entfernung der Destillation von der Zeche die Brandgefahr sowie die Schwierigkeiten in der Regelung der Rauch- und Abwässerfrage zu vermeiden. Die Vereinigung hat sich mit anderen Destillationen zu der unter 3. genannten Vereinigung zusammengeschlossen zum Zwecke des gemeinsamen Verkaufs der Teererzeugnisse, wie Imprägnieröl, Naphthalin, Anthrazen, Pyridin, Pech und präparierten Teeren. Die deutsche Teerproduktenvereinigung befaßt sich zugleich auch mit dem Einkauf von Rohteer, den sie nach Maßgabe der Beteiligungsziffer auf die Mitglieder verteilt. Mitglieder sind sowohl solche Destillationen, welche am Gewinnungsort des Materials, als auch solche, welche außerhalb des Gewinnungsortes betrieben werden. Über den Absatz der deutschen Teerverkaufsvereinigung sowie der Gesellschaft für Teerverwertung, entnehmen wir der Kartelldenkschrift nachstehende Daten:

Jahr	Teerablieferungen	Durchschnittspreise der Erzeugungsstelle für 1 t
1900	. . . . . 110 178 t	26,6 ℳ
1903	. . . . . 154 451 t	24,7 ℳ
1905	. . . . . 191 694 t	21,76 ℳ

Die in der „Deutschen Teerproduktenvereinigung G. m. b. H. zusammengefaßten Werke verarbeiteten:

1907	. . . . 682 269 t	— 83,2 %
1908	. . . . 749 000 t	— 32,4 %
1909	. . . . 795 000 t	— 89,3 %

Der Rest der deutschen Produktion wurde von kleinen außenstehenden Asphalt- und Dachpappenfabriken aufgenommen, oder für Straßenbau bzw. Heizung verwertet.

Betrachten wir nun endlich noch den Erlös der einzelnen Gaswerke für Teer und seinen Anteil an den Gesamteinnahmen, wie er sich aus der Tabelle im Anhang VII ergibt.

Eine Betrachtung der Tabelle zeigt auch hier wieder eine große Verschiedenheit des Ertrages bei den einzelnen Werken, allerdings ohne die großen Schwankungen des Ammoniakmarktes. Sie zeigt wieder, daß dem Teererlös beinahe dieselbe große Rolle zukommt wie dem Ammoniak. Er hat einen Anteil von 10 % am Gesamtreingewinn. Auffallend niedrig sind die Erlöse von Zwickau und Kiel. Vermutlich liegt hier eine andere Berechnung vor. Außergewöhnlich hoch sind andererseits die Preise bei Breslau, Charlottenburg und Mainz. Wahrscheinlich setzen diese Werke ihren Teer am Orte ab. Die Preisschwankungen bei den anderen Werken dürften sich aus den Frachten erklären.

Die von der Wirtschaftlichen Vereinigung erzielten Umsätze und Preise sind ebenfalls in einer Übersicht im Anhang XIV zusammengestellt.

Berücksichtigen wir weiter, daß, wie oben gezeigt, der Teerpreis ein stetiger bleibt, mit der Tendenz eher zu steigen, weil er einem wachsenden Bedarf, vor allem an Ort und Stelle, begegnet, so bleibt für die einzelnen Werke noch ein weites Feld, mehr rationelle Arbeit zu erledigen, teils durch Erhöhung der Ausbeute, teils durch Preispolitik.

e) Sonstige Nebenprodukte.

Als sonstige verwertbare Nebenprodukte, die erwähnenswert sind, wären noch zu nennen die ausgebrauchte Reinigungsmasse und der sich in den Retorten absetzende Graphit. An die Ausnutzung beider ist man erst im letzten Jahrzehnt herangetreten. Sie unterliegen außerordentlich starken Preisschwankungen. Über die Reinigungsmasse schrieb Schnabel-Kühn auf S. 119 seines Buches: „Wie der Steinkohlenteer, so galt auch die ausgebrauchte Reinigungsmasse lange Zeit als unverwertbar. Die chemische Industrie verwertete sie zuerst, indem sie die in ihr angehäuften Schwefelmengen (bis zu 50 %) zur Fabrikation von Schwefelsäure benutzte. Erhöhte Bedeutung erhielt die Gasreinigungsmasse mit dem steigenden Verbrauche von Rhodanverbindungen in der Färberei und Druckerei. Doch das stetige Sinken der Rhodanpreise, die steigende Nachfrage nach Zyanverbindungen sowie der Umstand, daß die bisherigen Rohmaterialien (wie Horn, Blut, Lederabfälle, Pottasche) der zuletzt genannten Verbindungen beträchtlich im Preise stiegen, hatte zur Folge, daß die chemische Industrie Anfang der neunziger Jahre dazu überging, die Zyanverbindungen nur aus ausgebrauchten Reinigungsmassen herzustellen, zumal es in der Zwischenzeit gelungen war, in den Gasanstalten hochblauhaltige Massen zu erzeugen. Besonders das Zyankalium ist in neuerer Zeit ein vielgebrauchter Handelsartikel geworden, seitdem es zur Goldextraktion in Transvaal, Indien, in den Vereinigten Staaten von Nordamerika und in Mexiko Eingang gefunden hat.

Neuerdings wird die Reinigungsmasse, die stark blauhaltig ist, auf Blau verarbeitet."

Weiter schreibt derselbe Autor:

„Das Retortengraphit ist zwar ein absatzfähiges aber sonst lästiges Nebenprodukt der Gasanstalt. Sein Hauptabnehmer ist die elektrische Industrie, die aus ihm die Kohlenstifte für die elektrischen Bogenlampen darstellt. Das Gleiche kann im allgemeinen auch von den Schlacken gesagt werden, die als Beschotterungsmaterial für Straßen eine praktische Verwertung finden."

Mitte dieses Jahres berichtete J. G. W. über die Preislage dieser Produkte auf S. 635: „In Graphit ist noch ein größerer ungedeckter Bedarf, und etwa noch freie Mengen finden guten Absatz bei stark gestiegenen Preisen von 6—7 ℳ pro 100 kg.

Ebenso ist die Nachfrage nach hochprozentiger blauhaltiger Gasreinigungsmasse lebhaft und die zu erzielenden Preise (50 ℳ pro 100 kg.) dürfen als günstig angesehen werden."

Welche Erlöse die einzelnen Gaswerke für diese Nebenprodukte erzielen, zeigt die Tabelle des Anhangs VII. Prozentual spielen sie eine sehr geringe Rolle, absolut dagegen sind sie auch beachtenswert. Die Tabelle zeigt, daß bei einer ganzen Reihe von Werken der Ertrag doch noch gesteigert werden kann [1].

§ 7. Die Gaspreise.

Für den Konsumenten bestimmt sich der Gaspreis durch den Betrag, den er für 1 cbm Gas an die Gasanstalt zu zahlen hat und durch die Ausbeute an Licht, Kraft oder Wärme, welche er mit seinen Gasapparaten erzielt. Beide Momente sind seit dem Jahre 1890 sehr verändert worden und seien im folgenden getrennt voneinander betrachtet.

a) Die Gasverwendungsapparate.

Seit dem Jahre 1890 hat die Gasindustrie auf dem Gebiete der Beleuchtung eine grundsätzliche Umwälzung von unendlicher Tragweite erfahren; es war die Einführung des Auerschen Glühlichtes, welches an die Stelle der Leuchtkraft des Gases ausschließlich seine Heizkraft treten ließ.

Bis dahin war der offene Brenner im Gebrauch, der nicht nur ein verhältnismäßig teueres Licht — er verbrauchte pro Kerze und Stunde 10 l — lieferte, das dem Petroleumlicht ähnelte, sondern auch in hygienischer Beziehung wenig vorteilhaft war. Auer hatte seine Erfindung bereits 1885 gemacht, jedoch konnte sie praktisch erst 1895 verwertet werden. Durch das stehende Glühlicht wurde der Konsum pro Stunde und Kerze auf 1,5 l Gas reduziert. Dazu trat, daß der Auerstrumpf bei gleichem

[1] Auffallend ist die geringe Summe für Frankfurt a. M., die wohl auf einer falschen Feststellung beruht.

Gasverbrauch ungefähr die fünffache Helligkeit gegenüber dem offenen Brenner ergab.

Der stehende Glühlichtbrenner von Auer wurde überholt durch die Einführung des hängenden Glühlichtes, das gegenüber dem stehenden Gasglühlichtbrenner eine Gasersparnis von rund 50 % erbrachte. Das Gasglühlicht hat gegenüber der Petroleumlampe wie gegenüber der offenen Gasflamme pro Kerze und Stunde zwar eine sehr beträchtliche Verbilligung erbracht, aber andererseits ist sie, absolut genommen, nicht billiger geworden, denn während die Petroleumlampe nur etwa 20—25 Kerzen liefert und den Bedürfnissen des Hauses genügt, ergibt der Auerbrenner ca. 100 Kerzen, also mehr als eigentlich benötigt wird. Wenn auch eine helle Beleuchtung gern genommen und auch ein Mehr leicht dafür entrichtet wird, so bestand doch bei der Industrie das Bestreben, auch hier kleinere Lichtquellen zu schaffen. Das ist durch die Konstruktion der Zwergbrenner, die ca. 25—50 Kerzen pro Stunde liefern, erzielt worden. Sie sind demgemäß auch noch billiger als die hundertkerzigen Brenner, wenn auch nicht in ganz entsprechendem Maße. Andererseits hat die Gasindustrie auch für starke Lichtquellen Konstruktionen (Preßlichtapparate) geschaffen, die sehr ökonomisch arbeiten. Es sind die verschiedenen Arten des Preßgases, das gerade in den letzten Jahren infolge seiner hohen Wirtschaftlichkeit auf dem Gebiet der Straßenbeleuchtung gegen die Bogenlampen erfolgreich vorgedrungen ist. Damit dürfte die prinzipielle Entwicklung der Gasindustrie für Beleuchtungszwecke ziemlich am Ende angelangt sein, obwohl ständig weitere Verbesserungen der Rentabilität noch gemacht werden.

Im J. G. W. 13/817 wird diese Entwicklung durch einige sehr interessante Zahlen charakterisiert. Es heißt dort: „Der alte Gasschnittbrenner gab bei 100 l Gasverbrauch 10,3 Lichtstärken. Das heutige hängende Gasglühlicht liefert dagegen bei demselben Gasverbrauch eine Helligkeit von 110 Kerzenstärken. Die Lichtmenge bei gleichem Gasverbrauch hat sich also gegenüber dem Schnittbrenner verzehnfacht. Das Preßgasglühlicht hat sogar eine Ökonomie von nur 0,4—0,5 l pro Kerze Helligkeit erreicht, so daß also die Lichtausbeute bei Anwendung des Preßgasglühlichtes bei gleichem Verbrauch gegenüber dem Schnittbrenner sich verzwanzigfacht hat. Welche großartige ökonomische Vervollkommnung die Gasbeleuchtung im Laufe der Jahre erzielt hat, kommt erst dann recht zum Ausdruck, wenn man zugleich mit dem verringerten Gasverbrauch die sinkenden Gaspreise berücksichtigt.

Vor etwa 60 Jahren, als man im Schnittbrenner eine Lichterzeugung von 10 Kerzen bei 100 l Gasverbrauch erzielte, kostete 1 cbm Gas etwa

30 ₰, während sich heute der Durchschnittspreis auf mindestens die Hälfte ermäßigt hat. Wir haben also durch das Zusammenwirken der Verbilligung der Gaserzeugung und damit des Gasverkaufs sowie der größeren Ökonomie der Gaslampe eine 10—40 fache Verbilligung der Gasbeleuchtung erreicht. In dieser beispiellosen technischen Entwicklung, die die Wirtschaftlichkeit enorm steigerte, liegt das Geheimnis des Erfolges der von den Elektrizitätsfreunden schon vor Jahrzehnten totgesagten Gasindustrie."

Kurve 4.

Einfluß der Brenner und Gaspreise auf die Kosten der Gasbeleuchtung.

(Journal für Gasbeleuchtung und Wasserversorgung 1909.)

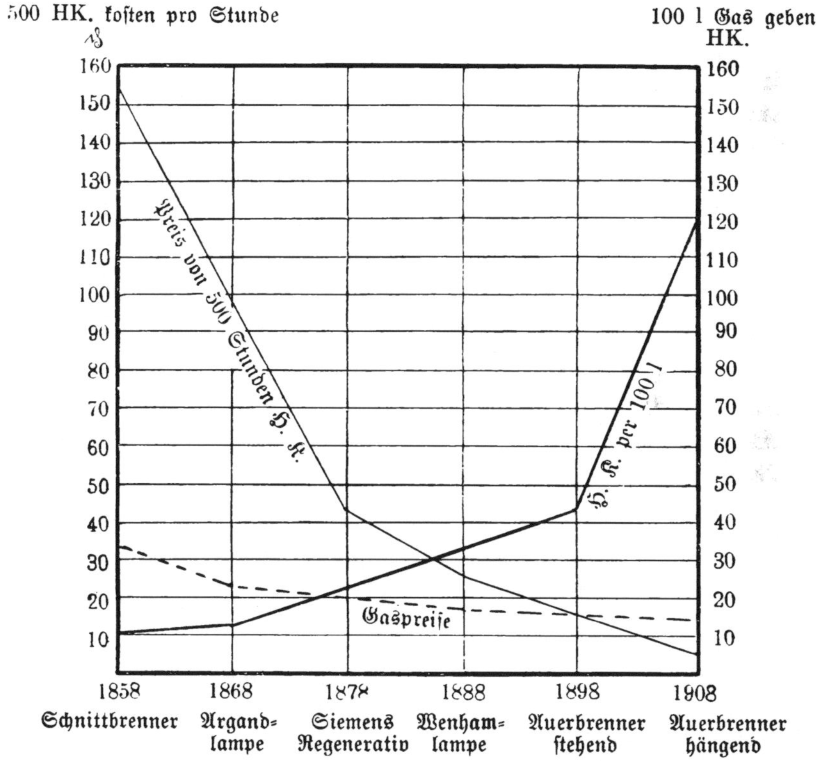

Eine interessante zahlenmäßige Darstellung der Ökonomieentwicklung des Gaslichtes bietet die folgende Tabelle, die gleichzeitig auch einen Vergleich mit den anderen Lichtarten gestattet. Siehe Tabelle S. 74.

Eine Verbesserung der Wirkungsweise der Kochapparate ist bisher

Brennstoffverbrauch und Brennkosten verschiedener Beleuchtungsarten.
(Kalender für das Gas- und Wasserfach.)

		Brennstoff-verbrauch für 1 HK. in der Stunde	Kosten für 100 HK. in ₰	Gebräuchliche Lichtstärke der Lampen in HK.
1	Stearinkerze	9,20 g	138	1,2
2	Petroleumlampe	4,00 ccm	8	50— 150
3	Petroleumlicht	1,00 ccm	2	50— 500
4	Spiritusglühlicht	1,20 ccm	4,8	50— 150
5	Luftgasglühlicht (Einzelanlage)	0,50 g Solin	2	30— 500
6	„ (Zentrale)	2,00 l Gas	4	30— 500
7	Wassergasglühlicht (Einzelanlage)	2,00 l „	0,6	20— 100
8	„ (Zentrale)	2,00 l „	4,0	20— 100
9	Azetylen (Einzelanlage)	2,20 g Karbid	4,4	20— 60
10	„ (Zentrale)	0,70 l Gas	11,2	20— 60
11	Azetylen-Glühlicht	0,25 l „	4,0	40— 60
12	Steinkohlengas, Schnittbrenner	10,00 l „	20,0	12— 60
13	„ Argandbrenner	8,50 l „	17,0	20— 50
14	„ Auerlicht	1,50 l „	3,0	50— 100
15	„ Hängelicht	1,00 l „	2,0	30— 100
16	„ Preßgas, aufrecht	0,80 l „	1,6	300—1500
17	„ „ Hängelicht	0,50 l „	1,0	500—5000
18	Elektrische Kohlenfadenlampe	3,50 Watt	21,0	5— 32
19	„ Nernstlampe	1,65 „	9,9	50— 200
20	„ Osmium- und Tantallampe	1,50 „	9,0	20— 80
21	„ Osram-, Wolframlampe	1,00 „	6,0	25— 220
22	Elektrisches Bogenlicht (sphärisch)	1,10 „	6,6	300—1000
23	Elektrische Flammbogenlampe (sphärisch)	0,25 „	1,5	1000—4000
24	„ Dampflampe	0,25 „	1,5	200—1000

noch nicht gelungen und technisch wohl auch nicht möglich. Vielmehr kann es sich nur darum handeln, die von dem Gaskocher erzeugte Wärme ökonomischer auszunutzen, was durch entsprechende Konstruktion der Kochtöpfe (Meurertopf) möglich ist. Durch sorgfältige Versuche, gerade in den letzten Jahren, hat man sowohl die Form der Kochtöpfe als auch besonders ihr Material und die Stellung zur Flamme untersucht. Auf Grund der Versuchsresultate sind nun in neuerer Zeit Kochtöpfe auf den Markt gebracht, welche eine um 25 % bessere Wärmeausnutzung, also einen sparsameren Gasverbrauch ermöglichen sollen.

Was die praktische Erzielung von Gasersparnissen anlangt, so hat die Gasindustrie der von ihr ins Leben gerufenen Zentrale für Gasverwertung hier sehr günstige Resultate zu verdanken. Die Zentrale hat besondere Lehrdamen für Vortragskurse ausgebildet, welche sich eine außerordentliche Routine im sparsamen Gasverbrauch beim Gaskochen angeeignet haben und nun bei ihren Vortragsreisen die Hausfrauen im sparsamen

Gasverbrauch beim Kochen unterweisen; es sind auf diese Art und Weise sehr beträchtliche Ersparnisse zu erzielen.

Auf dem Gebiet der Gasheizung sind technische Fortschritte ebenfalls nicht zu verzeichnen. Eine Ersparnis an Gas spielt im allgemeinen hier auch weniger eine Rolle, gegenüber den anderen Vorzügen, so vor allem der der Sauberkeit, der leichten Bedienung und der der sofortigen Betriebsbereitschaft. Immerhin hat die Gasindustrie sich bemüht, auch hier die günstigsten Verhältnisse für die Aufstellung der einzelnen Öfen herauszufinden und so ihre Wirkungsweise zu verbessern.

Nach einer, dem Verfasser von industrieller Seite gemachten Mitteilung dürfte der Gasverbrauch seit 1890 für dieselbe Wärmeleistung um etwa 20 % bis höchstens 30 % gesunken sein. Dagegen sind die Preise für die Öfen außerordentlich stark ermäßigt worden, was eine sehr starke Herabsetzung der Betriebskosten durch Fortfall für Zinsen und Amortisation zur Folge hatte. Allein hierfür waren früher beispielsweise bei Badeöfen etwa 24 Pf. pro Bad aufzuwenden, während heute dieser Betrag auf 8 ₰ zurückgegangen ist.

Eine völlig umgekehrte Richtung hat dagegen die Entwicklung der Gasmotoren genommen. Die Gasmotoren haben sich nur in verhältnismäßig geringem Umfange gegenüber der Konkurrenz der Elektromotoren durchsetzen können. Das liegt daran, daß der Gasmotor günstig erst bei voller Belastung arbeitet, ungünstig dagegen bei halber Belastung. Außerdem hatte die Praxis ein Bedürfnis nach schnellaufenden Motoren, deren Konstruktion für Gas jedoch erst in letzter Zeit gelungen ist; die neueren Motoren verbrauchen aber andererseits etwas mehr Gas als die früheren Typen, was jedoch praktisch hier ohne Bedeutung sein soll. Die Entwicklung ist übrigens noch nicht abgeschlossen und es kann auch mit bemerkenswerten Verbilligungen gerechnet werden.

b) Die Gaspreise.

Wenden wir uns nun der Betrachtung der Gaspreise selbst zu. Im Jahre 1890 betrugen die Gaspreise etwa 18—30 ₰ pro Kubikmeter Leuchtgas, etwa 10—20 ₰ pro Kubikmeter Leucht-, Heiz- und Kraftgas. Diese verhältnismäßig hohen Preise waren bedingt dadurch, daß die Gaswerke fast ausschließlich Leuchtgas verkauften und einen so hohen Preis erheben mußten, um ihre Kosten zu decken. Neben diesen Preisen wurden vielfach besondere Preise für Sommer- und Winterverbrauch berechnet, Sonderpreise für Kraftgas (Motoren usw.) erhoben und Rabatte gewährt. Bis zum Jahre 1900 hat sich dann die Preislage im allgemeinen nicht veränderte. Von etwa 1900—1908 bestand die Tendenz einer Preisherabsetzung, und zwar hauptsächlich bei denjenigen Werken, welche infolge eines sehr gestiegenen Gasverbrauches sehr hohe Erträge abwarfen. So ermäßigte beispielsweise Berlin seinen Preis von 18 auf 16 und später auf 12,35 ₰.

Einzelne Werke indessen begannen ihre Preise zu erhöhen, da sie keinen gesteigerten Absatz zu verzeichnen hatten, wohl aber wesentlich höhere Aufwendungen für das Rohmaterial, die Kohle, machen mußten. Um aber ihre bisherigen Renten beizubehalten, blieb ihnen daher nichts übrig, als den Gaspreis zu erhöhen. So schrieb beispielsweise noch ein Gaswerksdirektor 1908 im J. G. W., daß man allgemein an Preiserhöhungen denken müsse.

Indessen vermochten diese Anschauungen sich nicht durchzusetzen, vielmehr gewann eine andere Tendenz die Oberhand, nämlich die Tendenz zur Einführung des Einheitsgaspreises. Sie ging von denjenigen Städten aus, welche sehr bedeutende Zunahmen des Gaskonsums erfahren hatten, die insbesondere auf der Steigerung des Verbrauches an Koch- und Heizgas beruhten. Für Koch- und Heizgas waren aber aus den weiter unten zu erörternden Gründen besonders niedrige Preise gestellt. Die Einführung der Einheitsgaspreise erfolgte unter stärkerer Herabsetzung der Leuchtgaspreise und einer geringeren Heraufsetzung der Preise für Heiz- und Kochgas. Es wird durchgehend betont, daß diese Preisherabsetzungen durchaus im Interesse der Gaswerke selbst liegen, da so der durch die Preisherabsetzung eintretende Ausfall reichlich durch Konsumsteigerung eingeholt und überdeckt werde. Daß sich viele Werke zunächst ablehnend dieser Neuerung gegenüber verhielten, ist verständlich, denn der durch die Herabsetzung des Leuchtgaspreises eintretende Ausfall ist an sich ein sehr beträchtlicher. Hierfür einige Zahlen:

Mainz ermäßigte den Leuchtgaspreis . . .	von 19 ₰	auf 13 ₰
„ „ „ Automatengaspreis .	„ 18 ₰	„ 16 ₰
„ erhöhte den Kochgaspreis	„ 12 ₰	„ 13 ₰

Der rechnungsmäßige Ausfall betrug 220000 ℳ, den die Mehrabgabe decken sollte und auch gedeckt hat.

Praktisch haben sich dagegen die gehegten Befürchtungen nicht bestätigt, vielmehr brachte die Preisherabsetzung den betreffenden Werken immer wesentliche Konsumsteigerungen, wodurch der Ausfall ausgeglichen wurde.

Die Vorteile der Einheitspreise sind heute wohl auch allgemein anerkannt und vertreten, und es wird in den Fachzeitschriften immer empfohlen, sowohl Einheitspreise einzuführen, als auch vor allen Dingen die Preise nach Möglichkeit herabzusetzen. Jede Preisermäßigung bedeute einen beträchtlichen Zuwachs an Konsumenten und keinesfalls einen Verlust für das Gaswerk. Maßgebend wurde für die Gaswerke auch die Konkurrenz der Elektrizitätswerke, die ihre Tarife ständig verbilligten und durch ihre Erfolge die Gaswerke zu dem gleichen Vorgehen veranlaßten.

Aber auch bei dem Einheitsgaspreis ist man nicht stehengeblieben. Analog den Elektrizitätswerken wurde der Einheitspreis durch die Gewährung von Rabatten oder sonstigen Vergünstigungen an die industriellen Verbraucher oder Großabnehmer überhaupt nach Möglichkeit herabgesetzt.

Eine zahlenmäßige Belegung dieser geschilderten Entwicklung hat bereits Mombert in seiner schon mehrfach erwähnten Arbeit in den Schriften des Vereins, Band Gemeindebetriebe, gebracht. Ich habe diese Zusammenstellung auf Grund einer für die deutschen Gaswerke für das letzte Jahr von Oberingenieur Albrecht gebrachten Zusammenstellung ergänzt und lasse sie hier folgen. (Siehe Tabelle S. 78.)

Betrachten wir nunmehr die Methoden der Preisfestsetzung. Es wurde schon gesagt, daß 1890 die Gaswerke so gut wie alle Leuchtgaswerke waren. Hierin liegt nun eine große Eigentümlichkeit begründet, nämlich die, daß der Leuchtgasbedarf zu den verschiedenen Tages- und Jahreszeiten ein außerordentlich schwankender ist. Man kann wohl sagen, an hellen Sommertagen beträgt der Leuchtgasverbrauch nur ungefähr die Hälfte von dem an trüben Tagen der Wintermonate. Das Gaswerk muß aber in gleicher Weise den Bedarf decken können, d. h. die gesamte Anlage muß so groß sein, daß sie der Winterproduktion genügt. Der Bedarf der wenigen Wintermonate bedingt also, daß ein großer Teil der Anlage unausgenutzt daliegt. Gleiches gilt für den Unterschied zwischen Tag- und Nachtverbrauch. Da die Gaswerke ursprünglich nur Leuchtgas abgaben, so mußte sich die ganze Kalkulation ihres Gasverkaufspreises hierauf allein aufbauen, d. h. die Leuchtgaseinnahmen mußten die gesamten Kosten des Betriebes decken. Der Erlös für die Nebenprodukte war verhältnismäßig gering, es wurde ihm keinerlei besondere Beachtung geschenkt. Nun liegen die Verhältnisse bei neu zu eröffnenden wie bei bestehenden Gaswerken aber so, daß für die Preisgestaltung eine aus der Erfahrung und in der Regel bereits sicherstehende Abnahmemenge für die Berechnung zugrunde gelegt wird. Auf diese werden auch die Kosten für Amortisation, Löhne, Gehälter usw. berechnet. Jede Mehrproduktion verursacht nur Kosten für Kohle und Beheizung sowie eine geringe Abnutzungsquote für Ofenverbrauch. Es ist einleuchtend, daß bei dieser Kalkulation Gas, das

Es betrug der Gaspreis pro Kubikmeter in Pfennigen:

	Grundpreis			für Heiz- und Kochzwecke		
	1892/93	1904/05	1911/12	1892/93	1904/05	1911/12
Altona	20	20	—	16	12	—
Augsburg	22	22	22	18,5	14	16
Berlin	16	13	—	12,8	13	—
Bremen	20	16	—	15	12	—
Breslau	17,64	18	18	12	10	10
Charlottenburg	16	13	—	12,8	13	—
Chemnitz	18	18	18	13	13	13
Cöln	15	16	—	10	10	—
Crefeld	19,4	18	—	10	12	—
Danzig	17	17	—	—	12	—
Dortmund	16	16	16	10	10	10
Dresden	17	16	—	12	12	—
Duisburg	16	16	12	10	10	10
Düsseldorf	16	16	—	8	8	—
Essen	15	15	—	10	10	—
Görlitz	20	18	18	14	12	13
Halle	18	16	16	13,5	10	12
Hamburg	18	18	—	15	12	—
Karlsruhe	18	18	—	12	12	—
Kiel	20	20	—	12	14	—
Königsberg	16	16	—	12	12	—
Leipzig	18	18	18	15	12	12
Lübeck	18	18	—	15	12	—
Magdeburg	18	18	18	14	12	12
Mainz	20	18	—	13,5	12	—
Mannheim	18	18	—	—	14	—
München	23	23	21	17,25	14	15
Nürnberg	20	18	18	15	12	12
Posen	19	17	—	13	10	—
Stettin	15	15	—	15	10	—
Straßburg	28	16	15	12	12	12,6
Wiesbaden	20	16	—	15	12	—

außer der Lichtbedarfszeit abgegeben wird, dem Gaswerk wesentlich mehr Verdienst läßt und infolgedessen billiger abgegeben werden kann. So ist es zu erklären, daß sowohl für Kochgas als auch für Heizgas und besonders Gas für industrielle Zwecke wesentlich niedrigere Sätze eingeräumt wurden. Es muß gesagt werden, daß die Feststellung dieser Preise eine willkürliche war, in der Hauptsache bestimmt durch die Konkurrenz derjenigen Produkte, denen das Gas gegenübertreten mußte. Es sei dabei besonders auf die Verwendung für Motoren hingewiesen. Eine Berechnung, um wieviel das Gas durch den Fortfall der festen Kosten billiger abgegeben werden konnte, fand im allgemeinen nicht statt. Vielleicht ist es bei dem einen oder dem anderen Werke der Fall gewesen; die übrigen haben dann die Preise einfach nachgeahmt.

Als dann infolge Wachstums der Städte die Produktion sehr beträchtlich wuchs und die Gaswerke infolgedessen auch höhere Gewinne abwarfen, besann man sich auf die sozialen Pflichten und setzte aus diesem Grunde die Preise für Leuchtgas herab. Irgendwelche anderen zwingenden Gründe waren hierfür nicht vorhanden. Sie ergaben sich allerdings später bei denjenigen Werken, denen eine scharfe Konkurrenz des elektrischen Lichtes gegenübertrat. Auch hier waren es allgemeine Momente, die eine Berücksichtigung erforderten.

Inzwischen hatte auch die Gasabgabe insofern eine sehr große Verschiebung erfahren, als die Abgabe für Kochgas außerordentlich gestiegen war, ja teilweise sogar diejenigen von Leuchtgas übertroffen hatten (vgl. S. 139).

Bei diesem Verhältnis war es natürlich unberechtigt, die Spannung im Preise zwischen Kochgas und Leuchtgas noch länger bestehen zu lassen; infolgedessen ging man zum Einheitspreise über, indem der Preis für Leuchtgas wesentlich herabgesetzt, der Preis für Kochgas aber etwas höher gestellt wurde. Man hat hier die Berechnung wohl in der Weise ausgeführt, daß die bisherige Rente des Gaswerkes zugrunde gelegt wurde. Die dadurch eingetretene Erhöhung für den Kochgasverbrauch hatte sich aber nicht durch eine Konsumabnahme, wie häufig befürchtet wurde, zum Ausdruck gebracht, wohl aber hatte dagegen die Einführung des Einheitspreises und damit die bedeutende Herabsetzung des Leuchtgaspreises eine bedeutende Ausdehnung des Konsums für Lichtzwecke zur Folge. Wie weit derselbe allerdings auch auf andere Maßnahmen, wie z. B. Automaten und kostenfreien Lieferung von Gaseinrichtungsgegenständen zurückzuführen ist, muß dahingestellt bleiben. Es wird auf diese Fragen noch weiter unten zurückgekommen werden.

Der Einheitsgaspreis wird von den einzelnen Werken auch deshalb als sehr vorteilhaft empfunden, weil er die doppelten Gasleitungen und die doppelten Gasmesser, in welchen doch ein sehr bedeutendes Kapital investiert ist, fortfallen läßt. Dazu tritt weiter eine Ersparnis an Kontroll-, Bureau- und Einziehungspersonal. So praktisch nun auch der Einheitspreis ist, so hat es doch nicht an Stimmen gefehlt, welche auch bald hierfür Modifikationen verlangten, und auch mit voller Berechtigung. Es wurde betont, daß man unterscheiden müßte zwischen Großabnehmern und Kleinabnehmern und andererseits zwischen gewerblichen Abnehmern und Privatabnehmern. In der Tat ist auch die erstere Unterscheidung berechtigt. Preisermäßigungen geringen Umfanges werden wirklich fühlbar nur Großabnehmern; der kleine Mann, der im Monat vielleicht 20—25 cbm

Gas verbraucht, wird eine solche Verminderung nicht empfinden, wohl aber der Großabnehmer, der Tausende von Kubikmetern verbraucht. Nun stellen aber, wie aus den folgenden Zahlen hervorgeht, die Kleinkonsumenten den Hauptteil am Verbrauch und solche Preisermäßigungen werden daher nur dem Gaswerk selbst wirklich fühlbar. Es sind daher von vielen Gaswerken sowohl für Großabnehmer als auch für industrielle Betriebe besondere Tarife ausgearbeitet worden. Entweder werden mit den Verbrauchern individuelle Preise vereinbart, oder aber es werden für bestimmte Konsumhöhen bestimmte Rabatte gewährt. Auf diese Weise hat man die Vorteile des Einheitsgaspreises hinsichtlich der Gasmesser usw. beibehalten und trotzdem eine Skala entsprechend dem Bedarf erzielt.

Das sind die neuesten Ideen über die Entwicklung des Gastarifs. Es muß gesagt werden, daß auch hier erst eigentlich in den letzten Jahren mit einer individuellen Durcharbeitung der Tarife begonnen wird. Ausgangspunkt hierfür ist, und das erscheint auch theoretisch richtig, die Mühe und die Arbeit, welche das Gaswerk mit den einzelnen Konsumenten hat. Man geht aus von einem Normalverbrauch, welcher für die Deckung der Kosten, der Gasleitungen, der Gasmesser usw. notwendig ist. Diese Kosten sind in dem Normalgaspreis enthalten. Verbraucht der Konsument mehr, so ermäßigt sich für ihn der Preis um den Fortfall der Amortisationskosten. Die Preisermäßigung richtet sich ausschließlich nach der Verbrauchshöhe. Gleichgültig bleibt, ob der Verbraucher ein Privathaushalt oder ein gewerblicher Betrieb ist. Diese Berechnung erscheint ganz einwandfrei und zweckentsprechend.

Unberechtigt dagegen erscheint die Bevorzugung des gewerblichen Gasverbrauches. Es ist nicht einzusehen, warum der gewerbliche Betrieb mit geringem Gasverbrauch weniger bezahlen soll als der industrielle Arbeiter, der vielleicht in seinem Haushalt ebensoviel verbraucht. Abzusehen ist hier freilich von solchen Fällen, bei denen der niedrige Preis die Einführung oder die Verwendung des Gases für bestimmte Zwecke fördern soll oder bei denen eine Maßnahme der Sozialpolitik vorliegt.

Hier mag schließlich noch erwähnt sein, daß für die Tarifpolitik eine Berücksichtigung des Rentabilitätsverhältnisses zwischen Gaswerken und Elektrizitätswerken erstrebt wird. Man hat errechnet, daß die Gaswerke wesentlich höhere Überschüsse, auf die Einheit des investierten Kapitals berechnet, bringen als die Elektrizitätswerke (siehe S. 127), und man hat daran die Forderung geknüpft, den verhältnismäßig sehr hohen Überschuß der Gaswerke auf das normale Niveau, das auch die Elektrizitätswerke einnehmen, zurückzuführen, was durch eine Herabsetzung des Gaspreises erfolgen müßte. Auch dieser Forderung kann die Berechtigung nicht abgesprochen werden. Die Gemeinden sind ihrer Gewährung freilich nicht zugeneigt, denn die Gaswerke spielen mit ihrem hohen Ertrage eine beachtenswerte Rolle im Gemeindeetat.

Es kann hier nicht weiter auf diese Fragen eingegangen werden, nur zusammenfassend sei gesagt, daß heute allgemein bei den Gaswerken die Tendenz besteht, möglichst billige Gaspreise zu schaffen und die Gaspreistarife nach ihrer wirtschaftlichen Seite genau durchzuarbeiten. Gar nicht in Erwägung gezogen ist bisher, soweit ich die Literatur übersehe, die Frage, ob es nicht möglich wäre, den Gaspreis den Selbstkosten folgen zu lassen; ich denke hier besonders an die starken Schwankungen der Kohlekosten, die, wie oben gezeigt wurde, von recht erheblichem Einfluß sein können[1].

Heute besteht noch eine sehr große Mannigfaltigkeit der Gaspreise. Oberingenieur Albrecht hat in einem Aufsatz im J. G. W. die heute gültigen Gaspreise, geographisch geordnet, veröffentlicht[2]. Ich habe nach dieser Zusammenstellung die Tabelle (Anhang VIII) angefertigt. Aus der Tabelle ergibt sich, daß wir vor allem noch weit entfernt sind von den Einheitspreisen. Ferner sehr interessant ist, daß deutlich in den Gaspreisen die Herstellungskosten eine sehr bedeutende Rolle spielen, d. h. also die süddeutschen Werke bzw. solche Werke mit schlechter frachtlicher Verbindung zeigen höhere Gaspreise als diejenigen, welche in dieser Beziehung mit niedrigen Kohlenfrachten zu rechnen haben.

Anderer Meinung ist die Kommission für den Betrieb von Gaswerken, die der Verein der Gas- und Wasserfachmänner gebildet hat. Die Kommission hat im Jahre 1910 eine Erhebung über die Gaspreise im Jahre 1909 angestellt, und deren Resultate im Jahre 1911 auf der Hauptversammlung mitgeteilt. Im Bericht heißt es auf Seite 139: „Bezüglich der Höhe des Gaspreises könnte man annehmen, daß er durch die geographische Lage wesentlich bedingt sei, und so ist die Zusammenstellung nach den geographisch-politisch verteilten Berufsgenossenschafts-Sektionen von Interesse. Diese Zahlen sind als arithmetisches Mittel der Gaspreise ermittelt, wobei große und kleine Werke gleich schwer wiegen, eine Rechnungsweise, die natürlich nur für diesen besonderen Zweck anwendbar und richtig ist.

[1] Nach Niederschrift dieser Zeilen werde ich von gut informierter Seite darauf aufmerksam gemacht, daß Cedercreutz in der Zeitschrift „Gas und Wasser" diese Frage erörtert hat. Ich konnte den Aufsatz jedoch nicht einsehen.

[2] Nach den Ergebnissen einer Umfrage, die die Kommission für den Betrieb von Gaswerken des deutschen Vereins der Gas- und Wasserfachmänner veranlaßt hat.

Sektion	Gaspreis für Leuchtgas ₰	Gaspreis für Koch- und Gewerbegas ₰
I. Provinz Brandenburg	17,7	14,2
II. Ostpreußen, Westpreußen, Pommern, Posen	17,5	14,6
III. Schlesien	19,1	14,6
IV. Königreich Sachsen	19,3	14,2
V. Provinz Sachsen, thüringische Staaten	18,9	14,4
VI. Großherzogtum und Provinz Hessen, Rheinpfalz	18,9	14,3
VII. Bayern	22,0	15,3
VIII. Württemberg, Baden, Elsaß-Lothringen	19,3	15,3
IX. Rheinland und Westfalen	16,9	11,9
X. Hannover, Oldenburg, Braunschweig, Bremen	18,7	14,2
XI. Schleswig-Holstein, Mecklenburg, Hamburg, Lübeck	18,4	14,5

In dieser Zusammenstellung ist in erster Linie interessant, daß in verschiedenen Bezirken das Mittel der Preise für Koch- und Gewerbegas, die man wohl als genauer kalkuliert annehmen kann, mit drei Ausnahmen von 14,5 ₰ pro Kubikmeter nicht weit abweicht. Selbst die Ausnahmen, welche Sektion VII und VIII machen, liegen nicht wesentlich ab. Das bedeutet wohl, daß die Kohlen nicht von ausschlaggebender Bedeutung für die Selbstkosten des Gases sind, daß vielmehr die höheren Kohlenpreise durch höhere Brennmaterialien- und höhere Kokspreise ausgeglichen werden. Der Durchschnittspreis in Rheinland, Westfalen, 11,5 ₰ pro Kubikmeter, der wohl neben den billigen Kohlenfrachten wesentlich durch die Konkurrenz anderer billiger Energieversorgungen diktiert ist (Zechengas und Elektrizität), stimmt mit dem durch Konkurrenzverhältnisse entstandenen Berliner Gaspreis ziemlich überein. Daraus darf man wohl den Schluß ziehen, daß niedere Gaspreise in erster Linie von vollkommenen technischen und kaufmännischen Einrichtungen abhängen, und daß bei Anspannung aller technischen und wirtschaftlichen Mittel noch eine Ermäßigung der Gaspreise sehr vielfach ertragen werden kann."

Ich kann mich dieser Anschauung, obwohl sie von kompetenter Seite ausgesprochen worden ist, nicht anschließen, denn einmal kommt auch die geographische Lage durch die dadurch bedingten Kohlenfrachten zum Ausdruck, außerdem aber verwischt die Statistik mit den Durchschnittswerten das Bild insofern, als Werke in günstiger frachtlicher Lage (Wasserstraßen) mit den anderen zusammengeworfen werden und dadurch herabsetzend wirken.

Die folgende Tabelle[1] gibt Aufschluß über die Verbreitung der einzelnen Leuchtgaspreise:

---

[1] Bericht über die 52. Jahresversammlung der Gas- und Wasserfachmänner in Dresden, 1911.

Leuchtgaspreis ₰	Zahl der Städte	Gesamtgasabgabe in Millionen Kubikmeter
10—11,99	5	19,3
12—12,99	10	504,2 [1.]
13—13,99	9	75,1 [2.]
14—14,99	25	184,8 [3.]
15—15,99	42	187,6 [4.]
16—16,99	45	282,1 [5.]
17—17,99	25	105,9 [6.]
18—18,99	45	231,8 [7.]
19—19,99	6	11,8
20—20,99	24	45,4
21—21,99	2	33,4 [8.]
22—22,99	3	8,7
23—23,99	1	1,1
24—24,99	0	0
25,99	1	1,0
	243	1692,2

Es gehören zu:

1. Berlin, Charlottenburg, Düsseldorf.
2. Bremen, Karlsruhe, Neukölln.
3. Kiel, Wiesbaden, Hamburg.
4. Kassel, Köln, Halle, Straßburg.
5. Aachen, Barmen, Chemnitz, Dresden, Königsberg, Elberfeld, Stettin, Stuttgart.
6. Breslau, Danzig, Magdeburg.
7. Altona, Crefeld, Leipzig, Mannheim, Nürnberg, Plauen, Posen.
8. München.

Dazu wird geschrieben:

„Was die Gaspreise anlangt, so ist der mittlere Leuchtgaspreis im Gesamtdurchschnitt 16 ₰, bei Werken von weniger als 1/2 Mill. cbm 19,6 ₰, bei Werken von 1/2—1 Mill. cbm 17,6 ₰ und bei Werken über 1 Mill. cbm 15,2 ₰. Der Heiz- und Kochgaspreis ist im Mittel 12,2 ₰.

Von den größeren und mittleren Werken hatten 1909 zwar erst 15 % den Einheitspreis, jedoch waren darunter vor allem die großen Werke, so daß insgesamt rund 758 780 000 cbm nach Einheitspreis abgegeben wurden; das sind rund 35 % des erzeugten Gases. Dieser Prozentsatz hat sich inzwischen wesentlich gesteigert."

Es ist endlich noch die Aufgabe zu untersuchen, inwieweit der Gaspreis von Einfluß auf den Gasverbrauch ist. Und da mag schon von vornherein betont sein, daß bei dem Gasverbrauch weniger die Höhe des

Preises als andere Momente, insonderheit die Bequemlichkeit des Bezuges, maßgebend mitsprechen. Daß der Preis im allgemeinen keinen allzu großen, will besser sagen keinen entscheidenden Einfluß ausübt, das zeigt ein Vergleich des Gaspreises mit dem Verbrauch pro Kopf der Bevölkerung, wie in der Tabelle auf S. 133 zusammengestellt worden ist. Es soll auf diese Tabelle hier nicht weiter eingegangen werden, soviel ist jedoch sicher, daß die Gruppierung der Bevölkerung naturgemäß auch hier auf die Art und den Umfang des Konsums von Einfluß ist.

In ländlichen Bezirken, wo der Bevölkerung billiges Feuerungsmaterial zur Verfügung steht (z. B. Holz) und wo überhaupt sehr viel gekocht wird (Vieh), da wird naturgemäß der Gaskonsum ein sehr geringer sein. Anders dagegen bei einer industriellen Bevölkerung, bei der mit Rücksicht auf die Zeit die Schnelligkeit und Bequemlichkeit des Kochens eine große Rolle spielt.

Aber andere Momente sprechen hier auch mit. Besonders typisch ist der große Gasverbrauch Vegesacks, für den an informierten Quellen selbst keine Erklärung zu geben war. Man wird wohl nicht fehlgehen in der Annahme, daß es sich hier um große industrielle Werke handelt, welche den Konsum beträchtlich erhöhen[1]. Es ist ohne weiteres zuzugeben, daß natürlich ein Gaspreis von 8—10 ₰ pro Kubikmeter anregend wirkt gegenüber einem Gaspreis von 20—22 ₰ pro Kubikmeter und es ist selbstverständlich, daß man für Kochgas, das in wesentlich höherem Maße verbraucht wird, nicht einen ebenso hohen Preis (z. B. 22 ₰) wie für Leuchtgas erheben kann. Aber es ist ebenso einleuchtend, daß eine Preisdifferenz von 1—2 ₰ pro Kubikmeter dem Durchschnittskonsumenten durchaus nicht fühlbar wird, und der Gasabsatz erfolgt heute zum großen Teil durch solche kleine Konsumenten, wie schon oben gezeigt wurde. Nun wird von den Gaswerken immer wieder betont, daß man möglichst billige Preise für die Konsumenten stellen müsse und es wird immer darauf hingewiesen, daß solche Preisermäßigungen konsumhebend wirkten, insbesondere beim Leuchtgasverbrauch. Darauf ist zu erwidern, daß natürlich Preisherabsetzungen von 6—8 ₰ und mehr pro Kubikmeter Gas, wie sie bei der Einführung von Einheitsgaspreisen eintraten, dem Konsumenten wohl bemerkbar werden, aber schließlich auch nur im geringen Grade. Der Bedarf des Durchschnittskonsumenten (privater Haushalt) an Leuchtgas ist ein so geringer, daß hier Preisermäßigungen keine Rolle

[1] Von anderer Seite wird der hohe Gasabsatz lediglich auf eine rege Werbetätigkeit zurückgeführt.

spielen. Anders liegen die Verhältnisse bei gewerblichen Konsumenten, deren Leuchtgasbedarf ein hoher ist und bei denen die Preisverbilligung zweifellos im Konkurrenzkampf gegen die Elektrizität entscheidend wirkt. Hier wird sicher die Preisherabsetzung konsumfördernd gewirkt haben.

Daß geringe Preiserhöhungen dem Privatkonsumenten durchaus nicht fühlbar werden oder konsumhemmend wirken, das lehrt die Erfahrung bei denjenigen Städten, die bei der Einführung des Einheitspreises den Preis für Kochgas um 1—2 ₰ erhöhten.

Auch die Automatengaspreise müssen hier als Beispiel erwähnt werden. Sie sind allerdings sehr verschieden; häufig aber doch höher als der eigentliche Gaspreis. Trotzdem ist der Gasabsatz gerade durch Automaten ein sehr bedeutender und ständig steigender.

Außer acht lassen darf man freilich auch die psychologische Seite nicht. Sicher wirkt, nach den bisherigen Erfahrungen zu urteilen, jede, auch geringe, Preisermäßigung, konsumerhöhend oder wenigstens doch anregend wie andererseits ausschließliche Preiserhöhungen auf Widerstand stoßen.

Stillschweigend wird dagegen eine Preiserhöhung hingenommen, wenn sie durch andere Mittel kompensiert erscheint. Über die Erhöhung des Kochgaspreises durch Einführung des Einheitsgaspreises wird hinweggesehen, weil der Leuchtgaspreis gleichzeitig herabgesetzt wurde.

Viel wichtiger als der Gaspreis selbst ist für den Konsumenten die Frage der Beschaffung der Gaseinrichtungen und der Apparate und die Bezahlung des Gaspreises in einem Betrage. Vielfach war es üblich, daß der Verbraucher selbst sich die nötigen Rohrleitungen legen lassen mußte. Das hielt natürlich viele von der Gasverwendung ab. Auch die einmalige Ausgabe für die Anschaffung der Gaskocher, Lampen usw. stellt einen Betrag dar, mit dem der kleine Konsument seinen Etat nicht belasten kann und die ihm daher die Gasverwendung, deren laufende Kosten er leicht bestreiten kann, verbietet.

Endlich ist als drittes und wichtigstes Moment das der Gasbezahlung zu erwähnen. Der kleine Konsument empfindet es nicht, wenn er täglich 10 ₰ in den Automaten steckt, wohl aber, wenn er am Ende des Monats von seinem Wochenlohn für die Gasrechnung 3 ℳ bezahlen soll. Die Gaswerke haben diesen Gesichtspunkten weitgehend Rechnung getragen, wie im folgenden Kapitel gezeigt werden wird, und damit gute Erfolge erzielt.

Sind eben diese erleichterten Bezugsbedingungen vorhanden, dann wirkt der Nachahmungstrieb ebenso wie die Bequemlichkeit des Gases in genügender Weise selbst.

Deshalb kann nochmals gesagt werden, daß der Gaspreis eine weniger wichtige Rolle spielt als die übrigen Momente und daß seine Änderungen von Einfluß erst dort werden, wo sie einen großen Betrag ausmachen. Kleine Preisermäßigungen werden nur fühlbar für das Gaswerk, nicht aber für den Konsumenten, wenn auch gern zugegeben werden soll, daß schließlich jede, wenn auch die kleinste, Preisermäßigung erwünscht ist.

Anhang.

Die Glühstrumpfindustrie.

Es möge hier gestattet sein, einige interessante Zahlen über die Entwicklung und über die Lage der Glühstrumpfindustrie wiederzugeben. Im Gegensatz zur Gasindustrie, die eine stetige verhältnismäßig ruhige Aufwärtsbewegung zeigt, hat sie außerordentlich starke Schwankungen zu verzeichnen gehabt.

Auer hatte, wie alle Erfinder, bei der Einführung seiner Glühkörper mit außerordentlichen Schwierigkeiten zu kämpfen. Schnabel-Kühn teilt darüber in seinem Buche auf Seite 35 folgendes mit: „F. H. Aschner schrieb damals: „Die Welt wird nicht in das Zeitalter der Gasglühlichtbeleuchtung eintreten trotz aller Vorträge und Reklamen, die für diese Beleuchtung gemacht werden. Auch diese Methode wird vorübergehen." Und ein Koryphäe der Gasbeleuchtung erklärte, als man sein Interesse für die Sache zu erregen suchte, damit könne er sich nicht abgeben, seine Firma arbeite nur mit ernsten Dingen. Schon schienen diese Zweifler recht zu bekommen, als es Auer im Jahre 1891 gelang, sowohl den Bunsenbrenner zu verbessern, als auch die richtige Zusammensetzung des Leuchtfluids (99 % Thoroxyd und 1 % Ceroxyd) zu finden und dadurch durch Eintauchen in eine Harzlösung fester gewordene Glühkörper auf den Markt zu bringen."

Die weitere Entwicklung ist recht anschaulich dargestellt in einem Aufsatz „Fortschritte in der Gasglühkörperfabrikation", J. G. W. 13/989, dem ich folgende Zeilen entnehme: „Der Wichtigkeit des Glühkörpers entsprechend befaßt sich die Fachwelt seit der Nichtigkeitserklärung der Auerpatente mit der Verbesserung der Glühkörper, und es sind denn auch seit dem Jahre 1886, wo Auer zum ersten Male mit seiner Erfindung in die Öffentlichkeit trat, bedeutende Fortschritte gemacht worden. Damals leistete das Gasglühlicht für 100 l Gas etwa 18 HK., sechs Jahre später 46 HK., in den ersten Jahren dieses Jahrhunderts bereits 80 HK. und heute erreichen wir mit derselben Gasmenge 200 HK. und noch mehr. Dieser Fortschritt ist zum großen Teil aber auch der Ausbildung der Brenner zu verdanken. Eine besonders bemerkenswerte Vervollkommnung haben die Glühkörper hinsichtlich ihrer Festigkeit und damit ihrer Lebensdauer erfahren. Die Grundgedanken der Auerschen Erfindung sind bis heute beibehalten worden, ebenso die von ihm angegebene Kegelstumpfform des Glühkörpers, dagegen sind die Mischungsverhältnisse von Thoroxyd und Ceroxyd heute ziemlich verschieden, da von den Laien meist die weißleuchtenden, von den größeren Gaswerksverwaltungen dagegen die gelbleuchtenden Glühkörper vorgezogen werden. Bei Glühkörpern für Hochdrucklicht, also für sehr heiße Flammen, kann der Cergehalt auf 2,5 % bis 3 % gesteigert werden. Besonders stark haben sich die Faserstoffe, aus denen die Glühkörper hergestellt werden, geändert. Die alten Glühkörper aus Baumwollgarn zeigten die unangenehme Eigenschaft des Sinterns, wodurch Lichtstärke und Festigkeit abnahmen. Da die Ramiefaser infolge ihrer größeren Dicke und Länge diese Eigenschaft nicht zeigt, hat sie die Baumwollfaser fast völlig verdrängt. Ein gefährlicher Konkurrent ist jedoch auch der Ramie in den neuen Kunstseideglühkörpern erwachsen. . . . . . Verfasser schätzt die deutsche Produktion an Kunstseideglühkörpern auf 5 Mill. Stück im Jahre, das sind etwa 2 % bis 3 % der Gesamtproduktion. Die Stadt Berlin benutzt für ihre Preßgasstraßenbeleuchtung seit mehr als einem Jahre ausschließlich Kunstseideglühkörper, mit denen sowohl bezüglich der Lichtstärke als auch der Lebensdauer gute Erfahrungen gemacht wurden."

Recht interessant sind auch die von Schnabel-Kühn angegebenen Produktionsziffern. Er schreibt Seite 36: „Folgende Zahlen dürften des Interesses nicht entbehren, welche Aufschluß über den Absatz dieser Brenner in acht Monaten des Jahres 1893 geben: April 1240, Mai 2495, Juni 4245, Juli 4517, August 8647, September 19 970, Oktober 38 635, November 42 290; Anfang 1894 waren in Deutschland 500 000 Stück, davon allein 100 000 Stück in Berlin installiert."

Derselbe Autor berichtet über den jetzigen Umfang der Produktion (Seite 39): „Deutschland ist das Hauptproduktionsland für Glühkörper und Berlin der Hauptproduktionsplatz. Von den in Deutschland bestehenden 50 Glühkörperfabriken haben allein mehr als 30 ihren Sitz in Berlin. Die Gesamtjahresproduktion der deutschen Glühkörperfabriken beträgt ca. 100 Mill. Stück. Der weitaus größte Teil dieser Produktion geht nach dem Auslande, ungefähr zwei Drittel der Gesamtproduktion, demnach ca. 65 Mill. Stück, England ist Haupteinfuhrland."

Über die Preisentwicklung der Glühkörper macht Schnabel-Kühn die folgende Angabe. „Kostete 1894 noch das Kilogramm Thornitrat 2000 ℳ, bei größeren Abschlüssen 1800 ℳ, so betrug bereits 1898 der Preis nur noch 70—80 ℳ und heute, 1909, ist das Kilogramm Thornitrat zum Preise von 26 ℳ und das Kilogramm Cernitrat zu 15 ℳ zu haben. Auch der Preis der Glühkörper sank — nachdem die Monopolstellung der Auergesellschaft gebrochen worden war — von 2,50 ℳ auf 1,50 ℳ und von da weiter bis auf 30 ₰ und 20 ₰.

Hierzu seien im folgenden zwei Mitteilungen aus dem J. G. W. wiedergegeben.

Das Gaswerk Magdeburg hat sich eine eigene Glühkörperfabrik eingerichtet und erzielt nach einjährigem Betriebe, wie im J. G. W. 1900/470 mitgeteilt wird, folgende Resultate:

Gestehungskosten für den präparierten Strumpf . . .	10,2 ₰
„ „ „ transportablen Strumpf . .	13,7 ₰

Unter Berücksichtigung einer 10 % igen Verzinsung und Tilgung des Anlagekapitals stellten sich die Kosten auf 10,6 ₰ und 14,1 ₰.

1902/108 schreibt J. G. W.: „Bei einer Submission der Eisenbahndirektion Magdeburg auf 22 000 Stück Glühkörper wurden verlangt

9,00— 9,60 ℳ pro 100 für unabgebrannte Strümpfe von der Export-Gasglühlicht-Aktiengesellschaft,

12,00—16,00 ℳ pro 100 für unabgebrannte Strümpfe von der Neuen Sirius-Gasglühlicht-Aktiengesellschaft,

14,00—14,70 *M* pro 100 für unabgebrannte Strümpfe von der Auergesellschaft,

14,00—14,70 *M* pro 100 für abgebrannte Strümpfe von der Export-Gasglühlicht-Aktiengesellschaft,

19,20—22,40 *M* pro 100 für abgebrannte Strümpfe von der Auer-Gasglühlicht-Gesellschaft.

Über die von der Auergesellschaft erzielten finanziellen Resultate schreibt Schnabel-Kühn Seite 36: „Es dürfte sich an dieser Stelle lohnen, auch der finanziellen Erfolge der auf der Basis des Auerpatents in Wien und Berlin gegründeten Aktiengesellschaften in den ersten Jahren ihres Bestehens zu gedenken. Es kann hierbei die erfreuliche Tatsache konstatiert werden, daß diese Gesellschaften Gewinne wie sie industrielle Unternehmungen wohl noch niemals zu erhaschen vermochten, erzielten. Die Mutter aller sich bildenden Auergesellschaften ist die österreichische Gasglühlicht-Aktiengesellschaft, die 1893 die Wiener Fabriken sowie die Patente und Abmachungen mit den auswärtigen Gasglühlicht-Gesellschaften übernahm. Das Aktienkapital wurde mit 1½ Mill. fl. festgesetzt und bestand 1890 aus 1500 Aktien, die mit je 100 fl. voll eingezahlt wurden. Der Gewinn für das zweite Geschäftsjahr 1893/94 war bereits äußerst günstig. Außer den üblichen Abschreibungen konnten auf Patente 663 590 fl. abgeschrieben werden, wodurch dieses Konto auf 550 000 fl. zurückging, ein Reingewinn von 621 724 fl. verblieb und 25 % Dividende verteilt werden konnten. Die Tantiemen beliefen sich auf 123 047 fl., die Spezialreserve auf 123 717 fl. Der Bruttogewinn für das Geschäftsjahr 1894/95 betrug 3 092 519 fl., wovon nach Abzug von 596 197 fl. Unkosten und 589 159 fl. Abschreibungen 1 907 191 fl. Reingewinn verblieben. Davon wurden 339 000 *M* als Tantieme verwandt, so daß 1 560 000 *M* zur Verfügung der Generalversammlung blieben. Die Gesellschaft besaß am Schluß des Jahres außerdem noch 225 000 fl. ordentliche und 323 171 fl. außerordentliche Reserven und das Privilegienkonto in der ursprünglichen Höhe von 1 142 015 fl. war vollständig abgeschrieben. Die deutsche Gasglühlichtgesellschaft hat wohl die größten Erfolge erzielt. Sie wurde gegründet mit einem Aktienkapital von 1 465 000 *M*. Für die erste dreiviertel Jahr umfassende Betriebsperiode wurden nach Beschluß des Aufsichtsrates 65 % Dividende, das sind rund 87 % Jahresdividende, verteilt. Der erste vollständige Jahresabschluß für das Jahr 1893/94 ergab indessen bereits — nach Abzug aller Geschäftskosten, Spesen usw. — einen Reingewinn von 3 001 289 *M*. Von diesen sind nach Vorschlag des Aufsichtsrates auf Patentkonto 949 990 *M* und auf Inventarienkonto 15 835 *M* abgeschrieben worden, so daß beide Konten noch mit je 1 *M* zu Buche standen, der Reservefonds mit 95 099 *M* auf die satzungsmäßige Höhe gebracht, 175 611 *M* auf neue Rechnung vorgetragen und der Rest mit 100 % Dividende verteilt worden. Die Generalversammlung setzte indes mit Rücksicht darauf, daß die noch vorhandenen österreichischen Gasglühlichtaktien einen Kursgewinn von 400 000 *M* versprachen, die Dividende auf 130 % fest und schrieb auf das Patentkonto nur rund 600 000 *M* ab."

Diesen sehr hohen Erträgen, die zum großen Teil auf der vorteilhaften Ausnutzung der Patente beruhten, folgten bei Ablauf der Patente sehr starke Ertragsrückgänge. Eine sehr deutliche Sprache reden hier die Kurse der Aktien der Auergesellschaft. Die Aktien wurden im November 1893 an der Berliner Börse eingeführt mit einem Kurse von 310. Der Kurs gestaltete sich nach einer Notiz des Berliner Tageblatt dann wie folgt:

	höchster Kurs	niedrigster Kurs		höchster Kurs	niedrigster Kurs
1893 . .	363	310	1901 . .	510	291
1894 . .	507	380	1902 . .	356	174
1895 . .	1090	470	1903 . .	254	135
1896 . .	998	702	1904 . .	335	202
1897 . .	901	691	1905 . .	390	310
1898 . .	738	400	1906 . .	378,25	327,50
1899 . .	462	318	1907 . .	347,25	202
1900 . .	520	252	1908 . .	376,75	233,50

§ 8. Neue Absatzgebiete und -formen.

Es wurde schon wiederholt darauf hingewiesen, daß der Kernpunkt des rentablen Gaswerksbetriebes eine möglichst hohe Produktion ist. Je höher und vor allem je gleichmäßiger der Gasabsatz, desto rentabler der Betrieb, denn desto billiger die Selbstkosten der Gaswerke. Diese Erkenntnis war zwar den Gaswerken schon lange geläufig, nur taten sie zur Hebung des Gasabsatzes nichts, zum großen Teil aus der Ansicht heraus, daß es gemeindlicher Betriebe unwürdig sei, Propaganda zu treiben.

Die außerordentliche Produktionssteigerung der Gasanstalten setzt etwa 1906 ein, d. i. zu jener Zeit, in der die elektrischen Überlandzentralen ins Leben traten. Man darf wohl sagen, die Gasindustrie hat den Impuls zu ihrer neuzeitlichen Entwicklung von den Elektrizitätswerken bekommen. Wohl selten ist ein Konkurrenzkampf so scharf und doch so anständig geführt worden wie hier und wohl selten hat er so wenig Schaden und doch so große Erfolge gezeitigt.

Man kann ohne weiteres behaupten, die große glänzende Entwicklung, die die moderne Gasindustrie genommen hat, verdankt sie auf vielen Gebieten der Konkurrenz der Elektrizitätsindustrie, wobei aber auch gern gedacht sei der Tüchtigkeit ihrer Leiter, die die Konkurrenz und ihre Lehren zu nutzen wußten. Der Kampf zwischen Gas und Elektrizität wurde mit größter Energie auf beiden Seiten geführt, er ist aber nicht entschieden worden und es gibt weder Sieger noch Besiegte. Dennoch war er für beide Teile erfolgreich, indem er sie die ihrer Eigenart entsprechenden Wirkungsgebiete erkennen ließ. Auf dem Gebiete der Beleuchtung wird die Elektrizität ständig an Boden gewinnen, aber sie wird noch für lange Zeit das Licht der wohlhabenden Bevölkerung bleiben, sowohl wegen der Stromverbrauchskosten als auch wegen des hohen Preises der Lampen.

Abzusehen ist hier natürlich von denjenigen Versorgungsgebieten, in denen eine natürliche Kraftquelle sehr billigen Strom liefert. Die Gasbeleuchtung wird das Licht des kleinen Mannes und des Mittelstandes sein. Unbestritten ist dem Gase ferner das Gebiet des Kochens und der Heizung. Bis zur praktischen, d. h. bis zur rentablen Verwendung der Elektrizität für Kochen und Heizen wird wohl noch lange Zeit vergehen, wenn sie überhaupt erreicht wird, was z. B. von Emil Rathenau bezweifelt wird. Aber auch auf anderen Gebieten wird die Gasverwertung mindestens ebenso rentabel sein wie die Elektrizitätsverwertung. Unstreitig ist zurzeit die Domäne des Elektromotors.

Der Kampf setzte ein bei der Tarifpolitik; die an anderer Stelle besprochenen Tariffragen der Gaswerke sind aufgeworfen und veranlaßt worden durch die Tarifpolitik der Elektrizitätswerke, wobei bemerkt sei, daß gerade diese ja in Privatbesitz sind. Die Herabsetzung der Tarifpreise, die Einführung von Pauschaltarifen, die genaue Kalkulation der Tarife waren das Ergebnis des Vorgehens der Elektrizitätswerke.

Alsdann begann die Gasindustrie mit einer sehr nachdrücklichen Propaganda, die sowohl von den einzelnen Gaswerken selbst, als von den beteiligten Interessenvertretungen ausging. Insbesondere wurde eine besondere Propagandazentrale, die Zentrale für Gasverwertung, ins Leben gerufen, die in Wort und Schrift mit besonderem Geschick die Propaganda betreibt. Die Zentrale für Gasverwertung veröffentlicht Artikel in den Tageszeitungen, arbeitet Flugblätter und Broschüren aus und stellt den einzelnen Werken auf Wunsch auch sonstige Reklametexte zur Verbreitung zur Verfügung. Weiter geben die größeren Gasanstalten periodische Schriften, vielfach als Zeitschriften, heraus, in denen teils in belletristischer, teils in sachlicher Form alle Anwendungsgebiete des Gases behandelt werden.

Neben dieser schriftlichen Werbetätigkeit geht eine mündliche einher. Die Zentrale für Gasverwertung hat eine Reihe von Lehrdamen ausgebildet, die den einzelnen Gaswerken zur Verfügung gestellt werden. Die Damen, gute Rednerinnen, halten Vorträge mit Demonstrationen. In besonderen Lehrstunden behandeln sie dann alle Fragen der Gasanwendung und tragen dazu bei, möglichst sparsam zu arbeiten. Vielfach werden auch besondere Kurse für die Schülerinnen der höheren Lehranstalten veranstaltet. Es wird fast immer betont, daß diese Methode der Werbetätigkeit für die betreffenden Gasanstalten sehr deutlich sichtbare Erfolge gebracht hat.

Neben diesen Vortragszyklen besteht eine Wandergasausstellung, ebenfalls von der Zentrale für Gasverwertung ins Leben gerufen, die sämtliche

Apparate für die Gasverwendung vorführt. Auch hier finden praktische Demonstrationen und Vorträge statt. Übereinstimmend wird die große Werbekraft auch dieser Reklame und ihre praktischen überraschenden Erfolge von den einzelnen Gaswerksleitern betont.

Damit Hand in Hand ging eine intensive Durcharbeitung der Gasverwendungsapparate. Einen besonderen Reiz bietet das elektrische Licht durch seine Beleuchtungskörper. Die Gasindustrie hat es verstanden, diese Formen auch für das Gas nutzbar zu machen. Auch die Gasöfen sind künstlerisch durchgearbeitet worden nach der Richtung der englischen Kamine hin. Weiter hat die Gasindustrie ständig neue Gasverwendungsapparate konstruiert bzw. die bestehenden verbessert. Ich nenne hier nur die besonders in den letzten Jahren eingeführten Bügel- und Plätteisen und die mit Gas beheizten Waschmaschinen. Wichtig sind endlich auch noch die gerade in letzter Zeit auf den Markt gekommenen Apparate für Warmwasserbereitung, die ja nicht nur dem heute allgemein geforderten Komfort der Warmwasserversorgung entgegenkommen, sondern vor allem auch dem kleinen Manne ein Bad verschaffen können. Sie haben sich sehr bewährt und spielen auch heute im Hausbau schon eine Rolle.

Auf die großen Erfolge der Gasverwendung der Straßenbeleuchtung wurde bereits hingewiesen. Auch hier war die elektrische Beleuchtung vorbildlich, insbesondere bezüglich der Fernzündung [1].

Weiter ist hier hinzuweisen auf die Gasverwendung in der Industrie und im Handwerk, ein Gebiet, das auch erst in den letzten Jahren, aber mit gutem Erfolge, erschlossen worden ist. Für Beispiele sei hingewiesen auf die rationelle Ofenbeheizung in Krankenhäusern, Kasernen, Restaurants sowie in den Nahrungsmittelbranchen, z. B. der Fleischerei und Bäckerei. Auch in der Metallindustrie findet das Gas neuerdings verschiedene Anwendung.

Endlich seien noch die neueren Gasmotorenkonstruktionen, über die bereits oben gesprochen wurde, erwähnt.

Sind diese Bestrebungen, dem Gas neue Anwendungsgebiete zu verschaffen, sehr zu würdigen und auch bedeutungsvoll, so treten sie doch stark zurück hinter die Frage der Erschließung neuer Konsumentenkreise an sich. Die letzten Jahre der Entwicklung der Gasindustrie stehen unter dem Zeichen der Erschließung der kleinen und kleinsten Konsumenten, und

---

[1] In bezug auf die Betriebssicherheit und -zuverlässigkeit ist das Gas der Elektrizität wohl noch zweifellos überlegen und wird es auch einstweilen noch bleiben.

diese ist erfolgt einerseits durch die Einführung von Gasautomaten oder, wie die Verdeutschung lautet, der Münzgasmesser, andererseits durch die kostenlose Installation und Lieferung von Gasverwendungsapparaten.

Bei dem Gasbezug durch Münzgasmesser wird zunächst die Sicherheitsleistung hinfällig, außerdem aber dem kleinen Manne die Zahlung außerordentlich erleichtert. Er empfindet es viel weniger, wenn er täglich 10 ₰ in den Automaten steckt, als wenn er am Monatsende 3 ℳ von seinem Wochenlohn zahlen soll. Ein typisches Beispiel für den mangelhaften wirtschaftlichen Sinn dieser Kreise, denn das Automatengas ist teuerer als das sonstige Gas, und zwar wegen der wesentlich höheren Anlagekosten. Die Einführung der Münzgasmesser und damit die Erschließung der kleinen Konsumentenkreise, die aber durch ihre große Zahl einen außerordentlich umfangreichen Bedarf darstellen, ist zweifellos die Hauptursache der enormen Zunahme der Gasproduktion. So wird ein typisches Beispiel im J. G. W. 13/267 für Nürnberg berichtet: „Die Gasabgabe durch Gasautomaten steigt fortgesetzt. So wurden im November 296 665 cbm durch Gasautomaten abgegeben, über 80 000 cbm mehr als im vorigen November. Es ist dies eine Steigerung von 40 % innerhalb Jahresfrist.“

Hand in Hand damit geht nun auch die Überlassung von Apparaten zur Gasverwendung gratis, leihweise oder auf Abzahlung und ebenso die Installation. Es ist ja leicht verständlich, daß die Kosten der Gasbeleuchtung an sich nicht so hoch und abschreckend wirken, daß aber wohl die Anschaffungskosten eines Gaskochers sowie einiger Gaslampen einen Betrag ausmachen, den der kleine Mann nicht abstoßen kann, vollends dann, wenn er bereits Petroleumlampen besitzt. Dagegen wird er gern die Gasbeleuchtung wählen, wenn ihm die nötigen Apparate gegen eine geringe Abzahlungssumme bzw. gratis geliefert werden. Vollends gilt das für die Kosten der Installation. Es gibt wohl kaum einen Arbeiter, der bei einem Gaskonsum von 2,50 bis 3 ℳ monatlich 20 ℳ und mehr für die Gaszuleitungen ausgibt. Dazu tritt der noch gerade in diesem Kreise verhältnismäßig häufige Wohnungswechsel.

Indessen kommt dieser Fall ja nur für kleinere Orte und für ältere Häuser in Frage. Moderne Häuser haben wohl selbst in den kleinsten Wohnungen Gasanschluß. Hier haben dann die Hauswirte die Kosten der Installation übernommen.

Wichtig ist auch hier wieder das psychologische Moment. Wer wie der Verfasser Gelegenheit gehabt hat, häufig Wohnungen in Berliner Arbeiterquartieren zu besichtigen, der weiß, wieviel Luxus gerade in Arbeiterküchen getrieben wird. Die Küche ist der Stolz der Arbeiterfrau und, möchte man fast sagen, der Maßstab des Arbeitereinkommens. Wir wissen auch, um wieviel mehr sie im Gaslicht als im Petroleumlicht wirkt. Das Vorbild bei einer wirkt auf den Neid der anderen. Und wie früher die Hängelampe der Stube das Paradestück war, so ist es heute die „Gaskrone". Nicht vergessen darf endlich werden, daß die Arbeiterhausfrau doch noch häufig mehr oder weniger lange als Dienstmädchen die vielen Vorzüge, insbesondere die Bequemlichkeit der Gasverwendung kennen gelernt hat. Und damit gehen ja andere Kreise dem Arbeiter mit gutem Beispiel voran. Wir denken hier daran, daß doch gerade in Berlin für Wohnung und elektrisches Licht von vielen weit mehr ausgegeben wird, als ihrem Etat entspricht.

So viel ist aber sicher, der Gaskonsum hat sich heute wesentlich verschoben, er dient heute dem Lichtkonsum der kleinen Kreise und dem Kochverbrauch aller Kreise. Der Industrieverbrauch tritt dagegen zurück [1]. Wie sich die Entwicklung weiter gestalten wird, ist heute noch nicht zu sagen. Anzunehmen ist, daß vielleicht der Heizofen allgemein eingeführt wird. Voraussetzung dafür ist freilich nach einer Notiz J. G. W., daß der Preis für Gas dann nicht 6 ₰ pro Kubikmeter überschreitet.

Diese Entwicklung wird recht deutlich illustriert durch die nachfolgenden Zahlen, welche J. G. W. 13 in einem Bericht über das Gaswerk Düsseldorf mitgeteilt werden.

Welchen Anteil am Gaskonsum die kleinen Konsumenten haben, das zeigt in recht deutlicher Weise die folgende, dem Buche von Schnabel-Kühn S. 104 entnommene Zusammenstellung der Monatsverrechnungsbeträge. (Siehe Tabelle S. 94.)

Auch die folgenden von Borchert [2] gegebenen Zahlen beleuchten das in Rede stehende Problem recht charakteristisch. Danach sind in Berlin im Jahre 1908/09 20978 Anträge auf Einrichtungen von Münzgasmesseranlagen gestellt worden, und zwar für:

Laden mit Wohnung	2404	oder	11,5 %
1 Stube mit Küche	7013	„	33,4 %
2 Stuben mit Küche	9278	„	44,2 %
3 „ „ „	1735	„	8,3 %
4 „ „ „	409	„	2,0 %
5 „ „ „	90	„	0,4 %
mehr als 5 Stuben mit Küche	49	„	0,2 %

[1] Neuerdings ist man bestrebt, auch die Industrie durch billige Tarife heranzuziehen (Dampfkesselheizung).

[2] Borchert, Die volkswirtschaftliche Bedeutung der Gasautomaten im J. G. W. 13/889.

Durchschnittliche Monatsrechnung von 13 Mittel- und Kleinstädten Deutschlands für Gas im Betrage von

Gasanstalt	bis 2 ℳ Zahl der Abnehmer	bis 2 ℳ %	2—4 ℳ Zahl der Abnehmer	2—4 ℳ %	4—6 ℳ Zahl der Abnehmer	4—6 ℳ %	6—8 ℳ Zahl der Abnehmer	6—8 ℳ %	In Summa bis 8 ℳ %	8—12 ℳ Zahl der Abnehmer	8—12 ℳ %	12—17 ℳ Zahl der Abnehmer	12—17 ℳ %	17—25 ℳ Zahl der Abnehmer	17—25 ℳ %	25—33 ℳ Zahl der Abnehmer	25—33 ℳ %	über 33 ℳ Zahl der Abnehmer	über 33 ℳ %	In Summa über 8 ℳ %	Summa der Abnehmer	Summa %
Frankfurt a. O.	780	18,8	1340	32,2	768	18,5	426	10,2	79,7	363	8,7	177	4,3	102	2,5	66	1,6	133	3,2	20,3	4155	100
Potsdam . . .	2063	21,3	2938	30,3	1635	16,9	909	9,4	77,9	885	9,1	502	5,2	354	3,6	160	1,6	252	2,6	22,1	9698	100
Dessau	923	19,2	1127	23,5	898	18,7	639	13,3	74,7	533	11,1	274	5,7	171	3,6	77	1,6	162	3,3	25,3	4804	100
Luckenwalde . .	551	27,4	670	33,3	261	13,0	128	6,3	80,0	150	7,4	78	3,9	56	2,8	27	1,3	92	4,6	20,0	2013	100
Rheydt	735	17,5	1320	31,1	714	17,0	422	10,1	75,7	430	10,3	233	5,6	143	3,4	85	2,0	126	3,0	24,3	4190	100
Eckesey	491	32,9	417	27,9	179	12,0	101	6,8	79,6	106	7,1	73	4,9	54	3,6	19	1,3	52	3,5	20,4	1492	100
Erfurt	1395	23,3	1355	22,7	935	15,6	577	9,7	71,3	656	11,0	372	6,2	266	4,4	143	2,4	281	4,7	28,7	5980	100
Nordhausen . .	567	23,2	617	25,2	388	15,8	241	9,8	74,0	266	10,9	147	6,0	103	4,2	45	1,8	75	3,1	26,0	2449	100
Gotha	562	24,6	608	26,6	369	16,2	193	8,5	75,9	237	10,4	124	5,4	74	3,2	33	1,4	84	3,7	24,1	2284	100
Ruhrort . . .	357	12,1	743	25,2	472	16,0	343	11,6	64,9	353	12,0	229	7,8	166	5,6	113	3,8	175	5,9	35,1	2951	100
Herbesthal . .	53	48,2	26	23,6	8	7,3	9	8,2	87,3	3	2,7	2	1,8	—	—	1	0,9	8	7,3	12,7	110	100
Rheindahlen . .	179	29,2	168	27,5	118	19,3	64	10,5	86,5	38	6,2	21	3,4	13	2,1	5	0,8	6	1,0	13,5	612	100
Bornim . . .	47	19,5	82	34,0	48	19,9	19	8,0	81,4	13	5,4	10	4,1	8	3,3	4	1,7	10	4,1	18,6	241	100
	8703	21,3	11393	27,8	6793	16,6	4071	9,9	75,6	4033	9,8	2242	5,5	1510	3,7	788	1,9	1456	3,5	24,4	40979	100
	75,6 %									24,4 %												

Borchert schreibt dazu: „Man darf als feststehend betrachten, daß die Verwendung von Automatengas eine materielle Hebung der untersten Schichten mit sich führt. Es muß aber in diesem Zusammenhang betont werden, daß unseres Erachtens das Bestimmende bei der Verwendung von Automatengas seitens der Konsumenten nicht die Erwartung materieller Besserstellung ist, sondern daß die Motive vielmehr psychologischer Natur sind. Die Sucht, mehr zu scheinen als man ist, der sogenannte Kapitalismus (?), spielt hier eine nicht zu unterschätzende Rolle."

Eine Ausdehnung der Produktion und damit eine Stabilisierung wurde von der Gasindustrie wieder nach dem Vorbild der Elektrizitätsindustrie (Überlandzentralen) erreicht durch den Bau von Gasfernleitungen.

Ursprünglich nur für die Versorgung der Nachbargemeinden gedacht, haben sie sich ständig weiter ausgedehnt und immer weiter entfernte Orte angeschlossen.

Bei näher gelegenen Orten findet eine Versorgung unter normalem Druck direkt statt, bei weiteren Orten wird ein Verteilungsbehälter eingeschlossen, der nun seinerseits das Anschlußgebiet versorgt. Der Aktionsradius ist begrenzt durch die Schwierigkeit, Gas auf weitere Enfernungen durchzupressen, und durch die Kosten der Anlage, Rohrleitungen usw. Immerhin bestehen schon heute eine ganze Reihe solcher Fernanlagen, und es besteht die Tendenz, insbesondere die Nachbargemeinden größerer Städte in immer weiterem Umfange anzugliedern (Barmen zum Beispiel 50 km).

Die Fernversorgung in der eben beschriebenen Art bietet Vorteile für die einzelnen Gaswerke durch Steigerung der Produktion, freilich unter Erhöhung der Kosten. In wesentlich anderer und ökonomisch viel wichtigerer Richtung bewegt sich eine andere Art der Gasfernversorgung, nämlich die durch Koksofengas.

Es wurde schon oben gesagt, daß die Koksöfen ursprünglich nur Koks gewannen, dann aber auf die Gewinnung von Nebenprodukten aus dem Gas übergingen. Das Gas selbst konnten sie nur wenig ökonomisch verwerten. Nun wird ja dem Leuchtgas das Ammoniak und der Teer entzogen, und es besitzt lediglich etwas mehr Benzol als das Koksofengas. Im Heizwert übertrifft es nicht viel das Koksofengas, und gerade der Heizwert des Leuchtgases ist es ja heute, der bei der Gasverwertung im Vordergrund steht.

Mit der praktischen Ausnutzung sind nun seit 1910 Anstalten gemacht und zwar sowohl in Schlesien als auch im Ruhrgebiet. Über die

Rentabilitätsgrundlagen dieser Art der Gasversorgung berichtet Schreiber[1] folgendes:

„Wie weit die Versorgung mit Koksofengas rentabel ist, ergibt die Berechnung aus dem Anlagekapital, den laufenden Betriebskosten sowie der Höhe des Gaskonsums. Der hierbei zu berücksichtigende Koksgaswert für die Kokerei berechnet sich aus den für die Benzolgewinnung verlorengehenden Benzolmengen und bei der bisherigen Verwendung des Gases für die Kesselfeuerung aus den Mehrkosten für die Dampferzeugung, welche entstehen, wenn anstatt Gas ein anderes jeweils zur Verfügung stehendes Brennmaterial verwendet wird. Hierbei kann angenommen werden, daß zur Erzeugung von 1 t Dampf 175 cbm Gas von 5000 Kalorien erforderlich sind, so daß beispielsweise ein Werk, welches in 1 cbm Rohgas 20 g Benzolkohlenwasserstoffe besitzt, und bei Kohlen- bzw. Schlammfeuerung pro 1 t Dampf 1 ℳ und mit Gasfeuerung 0,25 ℳ Erzeugungskosten hat, $\frac{1 - 0{,}25}{175}$ ℳ = 0,43 ₰ und 30 ₰ Benzol, in Summa 0,73 ₰ pro Kubikmeter Rohgas als Selbstwert in Anrechnung zu bringen hätte."

Eine unendlich weite ökonomische Perspektive eröffnet sich hier. Zunächst bietet die Koksofengasversorgung die Möglichkeit, den ganzen Produktionsbetrieb loszulösen von der Gemeinde und damit alle seine Schwankungen und Nachteile von der letzteren abzuwälzen. Die Gemeinde beschränkt sich auf den Vertrieb des Gases, für den sie lediglich die Behälter und die Rohrleitungen stellt. Damit ist dann aber auch wieder eine beträchtliche finanzielle Entlastung verbunden.

Der finanzielle Ertrag fließt ihr wie bisher zu, ja noch mehr, er wird höher, denn die verbilligte Anlage erfordert weniger Zinsen und die Gestehungskosten sind geringer. Dazu tritt weiter die wesentlich vereinfachte Verwaltung, ein Moment, das doch sehr große Beachtung verdient. Freilich finden sich auch Gegenstimmen, die insbesondere die große technische wie persönliche Abhängigkeit betonen, in welche sich die Gemeinde begibt durch den Anschluß an ein privates Werk. Ferner können die Gaspreise für die Konsumenten wieder bedeutend verbilligt werden.

Endlich findet eine wesentlich rationellere Auswertung der Kohlen statt, was deutlich in dem Minderverbrauch der eingestellten Gaswerke zum Ausdruck kommt. Und daß selbst weite Leitungen technisch möglich

[1] Schreiber, Entwicklung und gegenwärtiger Stand der Kokereiindustrie Niederschlesiens. Berlin 1911.

und wirtschaftlich rentabel sind, das zeigt Cleveland, das durch eine 2400 km lange Leitung mit Gas versorgt wird.

Ich lasse hier einige Angaben über die praktische Gestaltung der Versorgung mit Koksofengas folgen.

Über die Versorgung der bergischen und märkischen Städte schrieb das J. G. W. 80/148: „Zur Fernversorgung der bergischen und märkischen Städte Solingen, Remscheid, Lüttringhausen, Lennep, Langerscheid, Schwelm, Milspe, Vörde, Gevelsberg, sowie von Langenberg, Königssteele und Steele wurde von den Zechen des Essener Reviers, zunächst von den Zechen Matthias Stinnes III/IV und Wolfsbank des Essener Bergwerksvereins König Wilhelm aus, wobei später noch einige größere Bergwerksgesellschaften zum Anschluß kommen, im vergangenen Jahre eine Fernleitung erbaut von 120 km Länge. Seit Anfang November 1912 ist der Betrieb aufgenommen, und die zum Anschluß bereiten Gaswerke wie Remscheid, Solingen, Lennep, Gevelsberg, Schwelm, Milspe wurden sofort an das Netz angeschlossen. Die Versorgung erfolgte störungslos ohne vorherige Ankündigung der Konsumenten von der Aufnahme der Koksofenlieferung. Auch die Gaswerksleiter sprechen sich sehr befriedigt über die Qualität des gelieferten Gases aus. Das spezifische Gewicht des Koksofengases ist 0,4 und entspricht dem spezifischen Gewicht des bisher von den Gasanstalten produzierten Gases, so daß eine Änderung der Brenner nicht nötig ist, wodurch sich die Einführung des Koksofengases wesentlich erleichterte. In der folgenden Tabelle sind die 18 Orte, die bis jetzt an die Fernversorgung angeschlossen sind, nach der Größe ihres Gasverbrauches geordnet, zusammengestellt:

Remscheid . .	5,0	Mill. cbm	Gladbeck . . .	0,633	Mill. cbm
Solingen . .	4,4	„ „	Lüttringhausen	0,59	„ „
Milspe . . .	2,12	„ „	Altenessen. . .	0.50	„ „
Wald	1,3	„ „	Langerfeld . .	0,50	„ „
Schwelm. . .	1,12	„ „	Osterfeld . . .	0,421	„ „
Gevelsberg . .	1,00	„ „	Dorsten. . . .	0,417	„ „
Steele	0,934	„ „	Horst.	0,412	„ „
Königssteele .	0,70	„ „	Langenberg . .	0,28	„ „
Lennep. . . .	0,69	„ „	Vörde	0,10	„ „

Für Solingen wird im J. G. W. 12/1162 berichtet: „Der Gaseinkaufspreis, die Gasabnahme gemessen an der Übergangsstelle, beträgt im Mittel 3,5 ₰. Er schwankt je nach Jahresmenge der Abnahme zwischen 3,7 und 3,3 ₰. Für die einzelnen Gemeinden ermäßigt sich dadurch der Gestehungspreis des Gases um 1 bis 2 ₰ pro Kubikmeter, bei steigender Abnahme noch mehr. Streik entbindet nicht von der Lieferung. Bei einem allgemeinen Bergarbeiterstreik muß das Werk weiterliefern. Die Mehrkosten, die dadurch entstehen, sind jedoch durch die Gemeinde durch einen Aufschlag von 1,25 ₰ zu decken.“

Mühlheim a. d. R. gab Anfang des Jahres 1911 die eigene Gasproduktion auf und bezog nur noch Koksofengas. Der Preis wurde am 28. März 1911 einheitlich für Koch-, Leucht- und Heizzwecke auf 10 ₰ festgesetzt. Für gewerbliche Zwecke sowie für reine Heizzwecke wurden besondere Preisvereinbarungen vorgesehen. Das Koksofengas hatte durchschnittlich 11—12 HK. Leuchtkraft. Der Gaseinkauf belief sich auf 173 951,25 ℳ und erbrachte einen Reingewinn von 201 953,57 ℳ.

Essen zeigt enorme Gewinn- und Verbrauchszahlen. Es bezog nur Koksofengas und betrieb rege Propaganda. Die Zahl der Konsumenten stieg um rund 12 210, davon hatten 11 219 Automaten, 1 400 Koch- und Heizapparate wurden mietbar abgegeben. Das Koksofengas war sehr gut verwendbar.

Für Witten schreibt J. G. W. 13/950: „Glücklich sind vor allem die Gasbenutzer in Witten, die bei der Gasentnahme aus dem Stadtrohrnetz das Gas zu einem Preis, anfangend mit 8 ₰ bis herunter zu 5,5 ₰ erhalten, bei direkter Gasentnahme aus der Hochdruckleitung sogar anfangend mit einem Preis von 4½ ₰ bis herunter zu 3,2 ₰. Der Abnehmer von dem Gas aus der Hochdruckleitung muß die Kosten der zur Druckverminderung erforderlichen Apparate selbst tragen. Diese neuen Tarife bestehen erst seit dem 1. April dieses Jahres, so daß über den Erfolg sich noch nichts sagen läßt."

Schließlich mag noch die folgende dem J. G. W. aus Crefeld zugegangene Mitteilung wiedergegeben werden, welche einen Einblick in die Art der Organisation und Finanzierung solcher Ferngasversorgungsanlagen gewährt.

„Zur Besprechung der Ferngasversorgung des linken Niederrheins hatte das Rheinisch-westfälische Elektrizitätswerk, Aktiengesellschaft (Essen), die Landräte, Vertreter der kreisfreien Städte und Bürgermeister des linken Niederrheins zu einer Konferenz eingeladen, woran auch ein Vertreter des Regierungspräsidenten teilnahm. Nach einem Vortrage des Rheinisch-westfälischen Elektrizitätswerkes sprach sich die Versammlung im Grundsatz für die Zweckmäßigkeit der Einführung der Gasfernversorgung aus. Die Einrichtung ist in der Weise gedacht, daß die auf 3½ Mill. ℳ geschätzte Anlage von den Kreisen und kreisfreien Städten finanziert wird gegen Verzinsung und Tilgung des gesamten Kapitals durch das Rheinisch-westfälische Elektrizitätswerk. Zur Versorgung der in Frage kommenden Städte ist eine Rohrleitung von 130 km Länge mit einer lichten Weite von 400 mm vorgesehen."

§ 9. Die kaufmännisch-organisatorische Seite des Gaswerksbetriebes.

In den letzten Jahren wurde wiederholt von den verschiedenen maßgebenden Persönlichkeiten im Gasfach betont, daß gerade der kaufmännisch-organisatorischen Seite mehr denn je Aufmerksamkeit zu schenken sei. So hat sich auch der Verein der Gas- und Wasserfachmänner mit der Behandlung wirtschaftlicher Fragen in seinen Jahresversammlungen befaßt und so sagte z. B. der Referent bei der Jahresversammlung 1909/10, Direktor Hase, in seinem Vortrage „Aus dem Wirtschaftsleben der Gaswerke": „Aber auch im Innern unserer Betriebe darf die reformatorische Arbeit nicht fehlen. Ich meine nicht die Verbesserung und die Vervollkommnung der technischen Anlagen, sondern der Verwaltung, die Ausmerzung nicht mehr zeitgemäßer bureaukratischer Einrichtungen, und nicht zum letzten die Einführung einer richtigen kaufmännischen Abrechnung. Nur mit Hilfe einer solchen ist es möglich, unsere Besitzwerte und unsere Selbstkosten genau kennen zu lernen, und erst wenn wir diese genau kennen, sind wir in der Lage, Abgabebedingungen festzusetzen, welche wirtschaftliche Berechtigung haben." In diesen wenigen Worten, ausgesprochen von einem Techniker, drückt sich die ganze Lage des in Rede stehenden Problems aus. Man ist ja im allgemeinen gewohnt, daß in Betrieben, welche ausschließlich von Technikern geleitet werden, die wirtschaftlich-organisatorische Seite etwas zu kurz kommt, und es muß schon immer schlimm stehen, wenn ein Techniker sich mit wirtschaftlichen Fragen befaßt [1]. Und die Dringlichkeit, mit welcher diese Frage jetzt in den Vordergrund der Gaswerksbetriebe gestellt wird, spricht eine deutliche Sprache, und doch ist es schwer festzustellen, worin eigentlich die Mängel liegen und was abgestellt werden muß.

So eifrig die Frage auch diskutiert wird, positive Vorschläge sind bisher recht wenige gemacht worden. Ein Zeichen, wie nötig der Kaufmann auch in der Gaswerksverwaltung ist und wie wenig eingehend der Techniker hier orientiert ist.

Rückblickend erinnern wir uns, daß der Gaswerksbetrieb eine Umwandlung in der Richtung erfahren hat, daß an Stelle der menschlichen Arbeitskraft außerordentliche hohe Kapitalien investiert wurden. Es ist die finanzielle Seite, welche den Gaswerken ziemlich bedeutende neue Aufgaben auferlegt hat.

Mit der eigentlichen Beschaffung der Mittel hat das Gaswerk nichts zu tun, sie erfolgt durch die Stadt selbst. Dagegen ist es natürlich Aufgabe der Gaswerksverwaltung, rechtzeitig auf ihren Geldbedarf aufmerksam zu machen und die Lage des Geldmarktes zu berücksichtigen. Der Zinsfuß ist seit 1890 trotz großer Schwankungen gestiegen und hat so naturgemäß die Gasselbstkosten erhöht. Leider läßt sich hierüber kein Zahlenmaterial beibringen, da für die meisten Werke der Zinsaufwand mit den Amortisationen zusammen angegeben wird und da auch fortlaufende Übersichten für einzelne Werke nicht vorliegen. Ich habe in der Tabelle (Anhang IX) nach dem Kommunalen Jahrbuch die entsprechenden Daten zu berechnen gesucht. Eine große Genauigkeit dürfte den Zahlen wohl aber kaum zukommen. Zunächst ist es nicht möglich, das Kapital, welches in den Anlagen investiert ist, richtig zu ermitteln, da die Abschreibungstechnik bei den einzelnen Werken eine sehr verschiedene ist. Außerdem ist aber bei den verschiedenen Werken an sich wegen der fortgesetzten Neubauten und Er-

[1] Es sei aber auch daran erinnert, daß gerade in den letzten Jahren von seiten der Techniker allen wirtschaftlichen Fragen ein sehr weitgehendes Interesse entgegengebracht wird.

weiterungsbauten die Kapitalinvestition eine sehr verschiedene. Andererseits werden aber auch häufig Kapitalanlagen aus dem Jahresreingewinn gedeckt, so daß sie nicht als solche zum Ausdruck kommen. Man kann daher nicht etwa ohne weiteres ermitteln, welche Kapitalinvestition für Gaswerke die normale ist und inwiefern nun einzelne Werke zu teuer oder zu billig gebaut worden sind, obwohl gerade praktisch die Frage von sehr großem Interesse ist.

Die Tabelle zeigt auch hier sehr große Verschiedenheiten. Bemerkenswert ist, daß die kleineren Werke etwas teurer gebaut sind als die größeren.

Eine Ergänzung hierzu bilden die folgenden Ausführungen, die ich dem J. G. W. 13/833 entnehme.

„Herr Dr.-Ing. Greineder hat über 195 Gaswerke und 124 Elektrizitätswerke Erhebungen angestellt und die Anlagekosten pro 1000 cbm resp. 1000 KW.-Stunden nutzbarer Jahresabgabe festgestellt. Er findet, daß das Anlagekapital kleiner Gaswerke mit einer nutzbaren Jahresabgabe von 100 000—500 000 cbm um noch nicht 50 % höher ist als das Anlagekapital großer Gaswerke von über 10 Mill. cbm Jahresabgabe, während die Gaswerke von 500 000 cbm bis 1 Mill. cbm Jahresabgabe mit dem Anlagekapital pro 1000 cbm gleich günstig mit den großen Werken stehen. Demgegenüber ist das investierte Kapital pro KW.-Stunde um nahezu 100 % höher bei kleinen Elektrizitätswerken als bei großen.

Als Mittelwert dieser 195 untersuchten Gaswerke und 124 Elektrizitätswerke ergibt sich ein investiertes Kapital von 581 ℳ pro 1000 cbm nutzbarer Abgabe für die Gaswerke, dagegen von 1167 ℳ für die Elektrizitätswerke, d. h. daß das pro 1000 cbm resp. 1000 KW.-Stunden nutzbarer Jahresabgabe investierte Kapital bei den Elektrizitätswerken rund doppelt so hoch ist wie bei den Gaswerken."

Eine exakte Ermittelung des Kapitals hat Geitmann[1] für Berlin angestellt. Ich lasse die Tabelle hier folgen. (Siehe Tabelle S. 101.)

Interessant ist an derselben zunächst, daß das Kapital pro Produktionseinheit so gut wie stabil geblieben ist. Die Schwankungen erklären sich durch Neubauten, die zunächst noch nicht völlig ausgenutzt werden. Was nach den früheren Ausführungen auf S. 36 ff. anzunehmen wäre, wäre eine wesentliche Steigerung, da, wie gezeigt wurde, die neueren Ofensysteme beträchtlich teuerer sind als früher und zwar schon auf die Produktionseinheit bezogen. Möglich ist indessen, daß Berlin hier wegen seiner Größe eine Ausnahmestellung einnimmt.

---

[1] Geitmann a. a. O. S. 128.

Geschäftsjahr	Anlagekapital bis zum Schluß des Betriebsjahres		Am Schlusse des Betriebsjahres		
	insgesamt	pro 1000 cbm des im Jahre produzierten Gases	gesamter Buchwert der Gaswerke inklusive Röhrensystem	haften darauf an fremden Kapitalien (Anleihe, Kautionen)	stellen die Gaswerke ein Kapitalvermögen der Stadtgemeinde dar
	ℳ	ℳ	ℳ	ℳ	ℳ
1. April 1890	54806121	547,40	57 398 435	21 290 418	36 108 017
1. „ 1895	67372170	611,70	70 222 014	24 445 674	45 776 340
1. „ 1897	71353195	576,00	75 124 172	24 539 530	50 584 642
1. „ 1899	78399665	567,00	57 760 013	26 216 097	31 543 914
1. „ 1901	83499957	518,00	66 914 454	33 091 552	33 822 901
1. „ 1903	103210090	538,00	85 231 367	48 518 550	36 712 817
1. „ 1905	117741563	539,00	95 434 212	57 410 968	38 023 244
1. „ 1907	136067754	535,00	111 849 657	70 876 903	40 972 754

Interessant ist ferner die Investierung der eigenen Mittel. Hier hat sich das Verhältnis seit 1890 völlig in das Umgekehrte verschoben; betrugen 1890 die eigenen Mittel 36 Mill. ℳ gegen 21 Mill. ℳ Schulden, so betrugen sie 1907 40 Mill. ℳ gegen 70 Mill. ℳ Schulden.

Über die Gesamtsumme der in den deutschen Gaswerken investierten Kapitalien wurden bereits oben S. 15 Angaben gemacht. Hier seien noch einige Zahlen über die dagegen aufgenommenen Schulden wiedergegeben.

Nach Schnabel-Kühn[1] geht aus dem 1909 erschienenen Bericht der Stadt Nürnberg hervor, daß von den gesamten Anleihen in den 22 Großstädten nicht weniger als 12,25 % zu Gaswerken verwendet worden sind.

Die kommunalen Anleihen haben sich folgendermaßen entwickelt:

Jahr	Deutsche Kommunalanleihen Mill. ℳ	Deutsche Staatsanleihen Mill. ℳ	Zusammen Mill. ℳ
1900	222,38	216,30	438,68
1901	294,37	554,00	848,37
1902	197,89	580,00	777,89
1903	214,14	340,00	554,14
1904	242,63	343,00	585,63
1905	258,83	429,80	687,63
1906	346,83	637,00	983,83
1907	430,86	551,00	981,86
1908	536,30	1269,00	1805,30
Zusammen	2744,23	4919,10	7763,33

[1] Schnabel-Kühn a. a. O. S. 91.

Die Höhe der Kapitalinvestitionen wird maßgebend für die Belastung der Selbstkosten durch die Quote für Amortisation und Zinsen. Auch mit diesen Zahlen der Tabelle ist wieder nicht viel zu beginnen, da die einzelnen Zinssätze ebenso wie die Quoten für die Amortisation sehr verschiedene sind und im allgemeinen nicht bekanntgegeben werden. Praktisch liegen die Verhältnisse so, daß die Werke sehr verschieden und, was häufig noch schlimmer ist, unzureichend abschreiben.

Das rächt sich oft bitter. So hat z. B. die Stadt Magdeburg im Jahre 1912 rund 152000 ℳ Gewinn weniger verfügbar gehabt, weil sie eine falsche Abschreibungspolitik betrieben hat. Es ist an sich gleichgültig, ob sie die Abschreibungssumme zur Schuldentilgung oder sonstwie verwendet.

Welchen Anteil die Aufwendungen für Zinsen und Amortisationen an den gesamten Selbstkosten haben und wie sich ihr Verhältnis verschoben hat, das zeigt die nachfolgende Tabelle für Berlin.

Jahr	Ausgaben für Reinigungsmaterialien	Fabrikationskosten	Ausgaben für Öfenumbauten, Unterhaltung d. Gebäude Apparate, Steuern, Versicherung, Gehälter, Pensionen usw.	Amortisation und Zinsen	Gesamtselbstkosten
1890	0,13	30,70	18,18	27,74	76,62
1891	0,11	31,87	18,70	29,29	79,86
1892	0,13	34,60	19,28	31,21	85,09
1893	0,09	32,69	20,20	32,50	85,39
1894	0,18	36,98	22,22	34,77	93,97
1895	0,13	34,76	22,09	33,40	90,25
1896	0,09	33,74	20,52	32,51	86,77
1897	0,09	32,80	23,96	30,58	87,34
1898	0,23	39,25	23,14	27,92	90,31
1899	0,06	38,71	22,76	26,37	87,34
1900	0,24	36,61	22,82	25,44	84,87
1901	0,08	45,98	23,76	24,69	94,43
1902	0,17	47,42	24,93	26,44	98,79
1903	0,27	42,24	25,15	21,34	88,73
1904	0,25	38,13	24,82	19,21	82,16
1905	0,27	37,04	26,90	18,00	81,94
1906	0,27	31,68	29,21	21,84	82,73
1907	0,37	32,15	32,66	20,69	85,00
1908	0,60	34,12	35,21	21,17	90,50

Das Schwanken der Quoten für Zinsen und Amortisation erklärt sich durch die in den einzelnen Jahren vorgenommenen Erweiterungsbauten und Neubauten, die naturgemäß die Quote erhöhen. Diese sinkt in den folgenden Jahren wieder infolge gesteigerter Produktion. Gerade dieses letztere Moment ist es, was die allgemeine Herabsetzung dieser Quote, die zu beobachten ist, auch veranlaßt hat.

Die Quote an sich ist verhältnismäßig gering, sie beträgt bei anderen Werken etwa 33—50 %, z. B. bei Mannheim.

Auffallend gestiegen ist die Quote für Ofenunterhaltung und sonstige Betriebskosten. Den Hauptanteil an diesen Kosten dürfte die Position Ofenunterhaltung hierbei haben. Leider ist hier keine nähere Angabe gemacht. Sie wäre sehr erwünscht, da, wie schon gezeigt wurde, die höheren Ofenbaukosten in der Kapitalhöhe nicht zum Ausdruck kommen.

Die Kosten für Reinigungsmasse sind gering, aber sehr schwankend, was sich daraus erklärt, daß das Reinigungsmaterial verschiedene Jahre aushält.

Die Spalte Fabrikationskosten enthält die Aufwendungen für Kohle abzüglich Erlös für Nebenprodukte und die Arbeitslöhne. Interessant ist auch hier wieder die Feststellung des Einflusses der Kohlenpreisschwankungen.

Die Abschreibungstechnik hängt zusammen mit der Buchhaltung der Gaswerke. Gaswerke haben, soweit sie Gemeindebetriebe sind, kameralistische Buchhaltung. Diese ist den Gemeinden durch die Städteordnung vorgeschrieben. Die kameralistische Buchhaltung ist nun aber für gänzlich andere Zwecke gedacht, sie ist eine reine Buchhaltung für Einnahmen und Ausgaben, d. h. für Verbrauchswirtschaften, nicht aber eine solche für Produktionswirtschaften, welche ständig über die in ihnen investierten Kapitalien orientiert sein müssen, ebenso wie über den Wirtschaftserfolg. Die kameralistische Buchhaltung bietet diese Übersichten nicht und man ist nun in den letzten Jahren unter dem Zwange, bei den gesteigerten Kosten trotzdem die Rentabilität aufrechtzuerhalten, dazu übergegangen, Formen zu schaffen, die eine eingehende Übersicht über die Gestaltung der Selbstkosten ebenso wie über die Verteilung der investierten Kapitalien und die Veränderungen der einzelnen Vermögensteile bieten. Das geschah, indem entweder besondere ergänzende Aufstellungen angefertigt wurden oder daß die kameralistische Buchhaltung nach dieser oder jener Richtung hin ausgebaut wurde oder daß endlich hier eine besondere kaufmännische Buchhaltung eingerichtet wurde. Diese Fragen bildeten mehrfach das mehr oder minder ausführlich behandelte Thema von Vorträgen und Diskussionen im Verein der Gas- und Wasserfachmänner sowie von Aufsätzen im J. G. W.[1]. Sie hatten zur Folge, daß die Gaswerke nun allmählich zu

[1] Auch eine größere selbständige Arbeit von Greineder ist hier zu nennen: Finanzwirtschaftliche Überwachung von Gaswerksbetrieben, München 1912.

einer geeigneten Buchhaltung, und zu einer systematischen und dauernd fortgesetzten Feststellung ihrer Selbstkosten übergehen.

Die Gaswerke haben zwar eine sehr genaue systematische Kontrolle ihres technischen Betriebes durchgeführt, aber ebenso wie sie die entsprechenden Kosten dafür nicht ermittelten, ebenso wenig besitzen sie in der Regel eine genaue buchmäßige Quantitätskontrolle aller in den Betrieb eingehenden Materialien. Hier müssen die Gaswerke noch viel von privaten und industriellen Betrieben lernen.

Vollends fehlt den Werken auch eine Kontrolle der von den einzelnen Arbeitern geleisteten Arbeiten, verbrauchten Materialien usw. Kurzum, der ganze interne Wirtschaftsbetrieb der Gaswerke entbehrt heute noch in weitem Maße der wirtschaftlichen Kontrolle. Das kann uns nicht in Staunen setzen, denn wir haben ja schon oben gesehen, daß weder die Qualität des Gases noch die der Kohle in irgendeiner Art ökonomisch kontrolliert wird. Und dabei ist zu betonen, daß gerade die Kalkulation der Selbstkosten und eine genaue Mengenverrechnung dank der einheitlichen Produktion der Gaswerke eine durchaus leichte und einfach durchführbare ist, und man wird es verstehen, wenn man einmal einen Einblick in bestehende großindustrielle Betriebe genommen hat, daß hier der Privatbetrieb doch wesentliche Vorteile bietet. Wie gesagt, die Gaswerke stehen hier erst im Anfang einer Entwicklung, und es ist zweifellos, daß sich bei einer genauen Kontrolle der Selbstkosten noch wesentliche Ersparnisse werden erzielen lassen.

Neben dieser sachlichen Organisation des Rechnungswesens bedarf auch die Personalorganisation der Gaswerke einer sehr eingehenden Reorganisation. Heute hat das in den Gaswerken tätige Personal Beamtenqualität, es wird wie die übrigen Beamten der Gemeinde besoldet. Der Gaswerksleiter ist in der Regel ein Techniker; es wird neuerdings häufig verlangt, daß dem Techniker nun auch der Kaufmann zur Seite treten müsse, da ein rationeller Gaswerksbetrieb heute weniger als früher auf technischem Gebiete liege. Es wird vor allen Dingen auch betont, daß es notwendig sei, die Leiter der Gaswerke auch für die Erfolge derselben zu interessieren. Es ist selbstverständlich, daß der Gaswerksdirektor nicht nur durch genaue Überwachung des Werkes Ersparnisse erzielen kann, sondern daß er auch im Verkehr mit den Abnehmerkreisen und durch kaufmännische Organisation die Rentabilität seines Werkes heben kann. Das hat freilich immer eine erhöhte Arbeitslast im Gefolge, und es wird mehr als einmal betont, daß kein Gaswerksdirektor sich unnötig gern mehr Arbeit aufbürdet und vor allen Dingen sich mehr Verantwortungen durch derartige Erweiterungen schafft, wenn er nicht anderweitig dafür entschädigt wird. Es wird daher gewünscht, daß dem Gaswerksdirektor ein prozentualer Anteil am Gewinn seines Werkes gewährt wird.

Man ist in dieser Beziehung in einzelnen Werken auch vorgegangen, allerdings mit ganz verschiedenen Verhältnissen. So schreibt Dr. Schirrmeister von der Zentrale für Gasverwertung J. G. W. 13/768.

„Als Grundlage für die Berechnung der Tantieme dient in den meisten Fällen der Reingewinn. Meist ist ein fester Prozentsatz bestimmt, der zwischen 2 und 6 % schwankt. Daneben finden sich aber auch abgestufte Sätze. So haben mehrere Städte für die Berechnung der Tantieme eine absteigende Skala festgesetzt. Der Leiter des Gaswerkes in Brandenburg bekommt bis zu einem Reingewinn von 150 000 ℳ 1 %, darüber hinaus nur 1/2 %, in Gelsenkirchen bis 200 000 ℳ 2 1/2 %, darüber hinaus 1 %, der Leiter des Elektrizitätswerkes Chemnitz bis 400 000 ℳ 2 %, darüber hinaus 1/2 %, in Schwerin bis 25 000 ℳ 4 %, 50 000 ℳ 3 %, 75 000 ℳ 2 %, darüber hinaus 1 %, der Direktor des Elektrizitätswerkes und der Straßenbahn in Potsdam bis 30 000 ℳ 1 1/2 %, darüber hinaus 1 % und endlich der Direktor der Chemnitzer Straßenbahn bis 200 000 ℳ 2 % und darüber hinaus 1 %. Der umgekehrte Fall der prozentualen Erhöhung der Tantieme mit steigendem Reingewinn findet sich nur vereinzelt. Der Gasanstaltsleiter in Freiberg i. S. bezieht vom Reingewinn bis 700 000 ℳ 1 % und darüber hinaus 2 %."

Im allgemeinen verhält man sich heute aber noch der Bewilligung von besonderen Tantiemen gegenüber ablehnend; könnte es doch vorkommen, daß der Gaswerksdirektor ein höheres Gehalt bezieht als der Herr Bürgermeister.

Bezüglich des übrigen Personals ist folgendes zu sagen. Das nichttechnische Personal für das Gaswerk wird aus den sonstigen Bureaubeamten, die die Gemeinde beschäftigt, entnommen. Es besitzt keinerlei Fachkenntnis und auch keinerlei Interesse für die zu behandelnden Fragen und, was vielfach noch viel unangenehmer ist, es wechselt sehr häufig, besonders dann, wenn es eingearbeitet ist.

Auch bezüglich des Außendienstpersonals ist man durchaus noch nicht auf einer ökonomischen Stufe angelangt. Allerdings bestehen auch hier Tendenzen zur Besserung. Insbesondere bemühen sich die Werke durch bessere Einteilung der Arbeiten (Organisation) Ersparnisse zu erzielen, was ihnen auch mit gutem Erfolge gelingt.

So hat beispielsweise die englische Gasanstalt in Berlin vor einiger Zeit eine Personalersparnis durchzuführen gewußt dadurch, daß sie das Ablesen der Gasuhren nicht durch besondere Beamte, sondern von denjenigen Arbeitern durchführen ließ, welche die Gasmesser mit Wasser nachfüllten. Interessant ist übrigens auch hier wieder die Ausschaltung von Arbeitskräften durch die Einführung trockener Gasmesser, die als Präzisionsapparate naturgemäß teuerer sind als die sonstigen Gasmesser. Man geht neuerdings sogar noch einen Schritt weiter und läßt durch diese Arbeiter auch gleichzeitig die Geldbeträge einziehen. Daß übrigens auch in dieser Beziehung noch große Ersparnisse zu erzielen sind, zeigt Geitmann, indem er mitteilt, daß in Berlin und seinen Vororten die Einziehung der Rechnungsbeträge rund vier Wochen nach Ablesung des Gasmessers erfolge, wodurch Berlin allein einen Jahreszinsverlust von etwa 250 000 ℳ erleide. Auch die übrige Organisation der Gaswerksbetriebe läßt noch viel zu wünschen übrig. Es sind hier die allgemeinen Klagen, welche für alle Gemeindebetriebe vorgebracht werden, welche aber doch gerade bei den Gaswerken besonders empfindlich und nachteilig wirken. Vor allem die langsame Erledigung der Geschäfte wird immer hervorgehoben. Es wird häufig betont, daß der Gaswerksbetrieb mehr denn je heute kaufmännisch betrieben werden muß. Das gilt insbesondere hinsichtlich seines Einkaufes der Rohmaterialien und der Verwertung der Nebenprodukte usw. Das sind Momente, die vor allem eine rasche Entschließung notwendig machen.

Auch hier machen sich wieder die Vorschriften der Städteordnung hemmend bemerkbar. Danach darf der Gaswerksleiter selbständig nichts unternehmen. Aus den Magistratsmitgliedern wird vielmehr eine Gaswerkskommission gebildet, welcher Stadtverordnete und Magistratsbeamte, die in der Regel aber alle Laien in bezug auf die Gaswerksfragen sind, angehören. Der Gaswerksdirektor ist für alle Maßnahmen an die Genehmigung der Kommission gebunden. So darf beispielsweise der Direktor der städtischen Gaswerke in Berlin nur über Beträge bis zu 1000 ℳ frei verfügen. Für alle anderen Anschaffungen sowie Verkäufe muß er die schriftliche Zustimmung der Kommission haben und es dauert mindestens immer drei Tage, oft noch länger, ehe die Zustimmung der Kommissionsmitglieder bzw. deren Unterschrift vorliegt. Es ist einleuchtend, daß in diesem Falle die Bewegungsfreiheit und die rationelle Ausnutzung günstiger Einkaufs- wie Verkaufsgelegenheiten so gut wie unmöglich gemacht wird. Diese und andere Momente haben Veranlassung gegeben, daß man doch ernstlich daran gedacht hat, die Organisation der Gaswerke in irgendeiner Form zu ändern. Hat man sich im Laufe der Jahre zu der Anschauung bekehrt, daß es durchaus nicht wünschenswert ist, die Gasversorgung den Händen des privaten Unternehmertums zu überlassen, und daß es vorteilhaft und auch möglich ist, solche Betriebe durch die Gemeinde zu führen, so hat sich doch mit wachsender Produktion gezeigt, daß ebensowenig wie der reine private Betrieb der Kommunalbetrieb das ausschließlich wünschenswerte ist. Er arbeitet nicht nur zu wenig rationell, sondern er ist auch sehr unbeholfen. Dazu tritt dann als weiteres beeinflussendes Moment für viele, insbesondere kleine Gemeinden, die finanzielle Belastung durch die Beschaffung und Investierung großer Beträge.

Das hat denn dazu geführt, daß verschiedene neuere Betriebsformen eingeführt wurden. In erster Linie ist hier zu nennen die gemischt-wirtschaftliche Unternehmung. Die gemischt-wirtschaftliche Unternehmung vereinigt die Vorzüge beider Betriebsformen. Sie wird in der Regel in der Weise ins Leben gerufen, daß das Unternehmen in Form einer Aktiengesellschaft gegründet wird, deren Aktien die Gemeinde teilweise übernimmt. Außerdem hat die Gemeinde einen oder mehrere Sitze im Aufsichtsrat. Die Gemeinde hat also dauernd einen weiteren Einfluß auf das Unternehmen im Interesse ihrer Bürger. Die gemischt-wirtschaftliche Unternehmung wirft zwar für die Gemeinde einen geringeren Gewinn ab, andererseits ist aber auch ihre finanzielle Anspannung eine wesentlich geringere. Ferner ist die Gemeinde der ganzen Verwaltung überhoben.

Eine zweite Form ist die, daß das Gaswerk zwar der Gemeinde gehört, aber an einen Privatunternehmer gegen eine feste oder auch eine mit dem Absatz oder mit dem Gewinn steigende Pachtsumme verpachtet wird.

Eine weitere Form ist die, daß die Gemeinde selbst sich finanziell gar nicht engagiert, sondern den Bau und Betrieb eines Gaswerks einer Aktiengesellschaft überläßt, welche nun ihrerseits in der Regel eine feste Abgabe vom erzielten Gewinn oder aber eine bestimmte Abgabe pro Kubikmeter leistet. Außerdem behält sich die Gemeinde vor, die Preise für Gas zu den verschiedenen Zwecken zu bestimmen, ebenso wie Kostenfreiheit oder Preisermäßigung für Straßenbeleuchtung usw. Es gibt hier unendlich viele Variationen, auf die hier einzugehen aber nicht der Ort ist.

Endlich ist noch eine vierte Form zu erwähnen, die besonders bei kleinen Gemeinden, bei denen die finanzielle Seite eine Rolle spielt, Anklang findet. Es haben sich nämlich Betriebsgesellschaften gebildet, welche den kleinen Gemeinden Gaswerke auf eigene Kosten errichten und dieselben der Gemeinde überlassen, sobald sich der Betrieb als rentabel erwiesen hat. Viele dieser kleinen Werke rentieren aber sehr schlecht [1].

Die Formen sind hier wieder sehr verschieden. So wurde z. B. die Gasanstaltsbetriebsgesellschaft G. m. b. H. Berlin 1903 von den Firmen

[1] Ausführliche Mitteilungen über die heute in Deutschland in dieser Weise arbeitenden Firmen und ihre Erfolge bringt Geitmann in seinem Buche auf Seite 88.

Berlin-Anhaltinische Maschinenbau A.-G.,
Stettiner Schamottefabrik,
Gasmesserfabrik Kromschröder,
Deutsche Gasglühlicht Aktiengesellschaft,
Caesar Wollheim, Kohlengroßhandlung

gegründet. Diese Gesellschaft arbeitet in der Weise, daß die Stadt das Kapital für den Bau hergibt und Eigentümerin des Werkes wird, während die Gesellschaft das Werk errichtet und pachtweise betreibt. Die Gesellschaft verzinst der Stadt das Kapital und amortisiert es außerdem. Die Amortisationsquote ist in der Regel so hoch bemessen, daß das Werk nach Ablauf der Pachtdauer, etwa 30 Jahre, in den Besitz der Stadt übergeht.

Eine andere Betriebsgesellschaft stellt die Firma Karl Francke, Bremen, dar. Diese Firma, ebenfalls Gaswerksbaufirma, läßt sich von den Gemeinden die Konzession für ein Gaswerk erteilen und überträgt diese einer neu zu gründenden Aktiengesellschaft, der sie gleichzeitig das Kapital vorstreckt. Das Gaswerk wird durch die Firma Karl Francke erbaut, die auch gleichzeitig für die Unterbringung der Aktien im Publikum sorgt. Für den Vertrieb der Aktien hat die Firma eine besondere Abteilung eingerichtet, welche auch Kursberichte ausgibt.

Es ist endlich hier noch einzugehen auf die Wirtschaftliche Vereinigung deutscher Gaswerke Aktiengesellschaft in Köln.

Veranlassung für ihre Entstehung war, daß die einzelnen Gaswerke isoliert dastanden, während ihre Lieferanten durchgehend in großen Verbänden organisiert waren und den Gaswerken ihre Bedingungen diktieren konnten. Dazu trat dann die mangelhafte Ausnutzung der Nebenprodukte und die gegenseitige Konkurrenz auf dem Koksmarkte. Bereits Ende der 80er Jahre hatte der Verein der Gas- und Wasserfachmänner für Rheinland und Westfalen die Notwendigkeit und die Vorzüge eines gemeinsamen Zusammenschlusses erkannt und gründete daher eine lose Verkaufsgesellschaft für Koks. Die Krisis des Jahres 1902 ließ die Gaswerke zu einem festeren Verbande zusammentreten. Dieser trat unter dem Namen Wirtschaftliche Vereinigung deutscher Gaswerke als Aktiengesellschaft im Jahre 1904 ins Leben. Die Wirtschaftliche Vereinigung ist ein ausgesprochenes Syndikat zur Haltung der Kokspreise, das später auch den gemeinsamen Bezug der Rohmaterialien aufgenommen hat. Über die Organisation gilt folgendes[1]: Das Grundkapital der Gesellschaft beträgt 60 000 ℳ, das in 300 auf den Namen lautende Aktien zu je 200 ℳ eingeteilt ist. Jede Aktie gewährt eine Stimme, und zwar richtet sich ihre Anzahl nach der Gesamt-

[1] Schnabel-Kühn, S. 137/138.

erzeugung der Gesellschaftswerke [1]. Gegenstand dieses Unternehmens ist, durch bestmögliche Verwertung des Gaskokses und der übrigen Nebenprodukte die Wirtschaftlichkeit der beteiligten Gaswerke zu erhöhen. Auch der Ankauf von Verbrauchs- und Gebrauchsgegenständen ist mit in ihren Geschäftsbereich einbezogen worden. Die Vorteile, welche das Gaskokssyndikat, wie die Wirtschaftliche Vereinigung nach ihrem Hauptzweck oft genannt wird, seinen Mitgliedern bietet, sind folgende:

1. Einheitliche Übersicht über die Absatzverhältnisse.
2. Regelung des Absatzes:
   a) Schutz des natürlichen Absatzgebietes in bezug auf Preis und Menge und
   b) Regelung des Fernabsatzes.
3. Sicherstellung eines angemessenen stetigen Preises.

Die Vereinigung genießt hierbei unbeschränkte Vollmacht, ohne aber eine Mitwirkung ihrer Mitglieder auszuschließen. Um eine zuverlässige Grundlage für die Verkaufstätigkeit zu schaffen, sind sämtliche Gesellschaftswerke verpflichtet, dem Gaskokssyndikat bis zum 1. Februar jede Jahresmenge und Lieferzeit der zum Verkauf zu kommenden Produkte anzumelden. Während der Absatz in die Ferne mit der Eisenbahn vollkommen in den Händen der Vereinigung liegt und diese die Abschlüsse ermittelt, bleibt der Ortsverkauf als ein Sonderrecht jedes einzelnen Gaswerks bestehen. Diesen letzteren schon der städtischen Hygiene wegen möglichst zu fördern und damit das natürliche Absatzgebiet der betreffenden Werke zu schützen, ist als oberste Aufgabe der Vereinigung anzusehen, und zwar soll dies dadurch erreicht werden, daß die Aktiengesellschaft fremde Verkäufer wie die Nachbarwerke und Händler gegen angemessene Vertragsstrafe fernhält.

Ein ebenso wichtiger Geschäftsakt wie die Regelung der Absatzverhältnisse, ist die Festsetzung der Grundpreise, die beim Verkauf als Richtschnur dienen sollen. Sie erfolgt unter Mitwirkung des Aufsichtsrates und des Beirates erst nach der Bekanntmachung der Kokspreise des Rheinisch-Westfälischen Kohlensyndikats, und zwar werden sie immer etwas tiefer als diese angesetzt. Je nach Absatzgebiet und Frachtlage werden die Gesellschaftswerke in vier große Gruppen, in eine west-, nord-, mittel- und süddeutsche eingeteilt, um damit den verschiedenen Interessen der einzelnen Gebiete Rechnung zu tragen. Mindererlöse trägt die Vereinigung, Mehrerlöse fallen den

---

[1] Es haben Aktien zu übernehmen:

Gaswerke mit weniger . . .	als 1 000 000 cbm	1 Aktie	=	200 ℳ
„	von 1 000 000 cbm bis 5 000 000 cbm	2 Aktien	=	400 ℳ
„	über 5 000 000 cbm	3 „	=	600 ℳ

liefernden Werken zu. Anders gestaltet sich die Preispolitik des Gaskoks-syndikats, wenn es auch den Verkauf der nach dem 1. Februar angebotenen Mengen übernehmen soll. Hier haben dann alle gegen die Grundpreise erlösten Unterpreise die Werke zu tragen, welche diese Mehrmengen lieferten, wo hingegen etwaige Überpreise in die Kasse der Vereinigung fließen, zugunsten aller koksliefernden Werke. Über die praktische Durchführung dieser Art der Preisfestsetzung machte Herr Ohly, Direktor der Wirtschaftlichen Vereinigung einer Versammlung von Gaswerksleitern in Breslau die folgenden Angaben: „Die Preise werden von Organen der Wirtschaftlichen Vereinigung, vom Beirat selbst festgesetzt, der sich aus den Leitern der Gaswerke zusammensetzt. In Schlesien würden eine bestimmte Anzahl, bei vollständigem Beitritt der Werke vielleicht vier Mitglieder und vier selbstvertretende Mitglieder, einem Beirate angehören, der die Preise je nach den örtlichen Bedürfnissen und nach Rücksprache mit seinen Kollegen festsetzt. Diese legen nur die Grundpreise fest, die Überpreise stehen jedem Werke zu. Die Gaswerksleiter sind es selbst, die sich zusammenfinden und im Bezirk die Preise bestimmen. Ihnen, meine Herren, werden die Preise von schlesischen, nicht von rheinischen oder mitteldeutschen Direktoren bestimmt. Sie selbst, meine Herren, sind in der Preispolitik maßgebend. Deswegen ist Deutschland eben in Gruppen geteilt, weil es nicht angängig ist, daß westliche Gaswerksleiter Beschlüsse fassen, die auf die Preisgestaltung im Osten Einfluß ausüben und umgekehrt, weil ihnen die Verhältnisse fernliegen. Die Leiter sind es selber, welche über die Preispolitik ganz individuell Beschluß fassen."

Die Kosten, die entstehen, werden durch eine Abgabe und durch eine Umlage gedeckt. Sie sind gegenüber den Vorteilen, welche die Wirtschaftliche Vereinigung bietet, unbeträchtlich und betragen nur etwa 1 % des Gesamtumsatzes.

Hierzu teilte Direktor Ohly auf der obenerwähnten Sitzung, die im vorigen Jahre stattfand, mit:

„Wir erheben für das laufende Geschäftsjahr nach dem Beschlusse unserer Organisation 9 ₰ pro 1000 cbm. Wenn also ein Gaswerk 1 Mill. Kubikmeter erzielt, so hat das Gaswerk 90 ℳ pro Jahr zu zahlen. Daneben erheben wir für den Gaskoks, der durch die Wirtschaftliche Vereinigung vertrieben wird, ca. 1 ℳ Umlagen pro 10 t, den Ortsverkauf tangiert das nicht. Verkauft ein Werk zum Beispiel noch 500 t Koks durch die Wirtschaftliche Vereinigung, so ergibt das bei 1 ℳ Umlage für 10 t 50 ℳ. Die Umlage dient zur Deckung der Mindererlöse, welche die Vereinigung in schlechten Zeiten oder bei Industriegeschäften auf sich nimmt. Je mehr Werke der Vereinigung beitreten, um so niedriger wird sich Abgabe und Umlage gestalten."

Wie sich die tatsächliche Berechnung der Umlagen und Abgaben stellt, zeigt die nachfolgende Berechnung für das Geschäftsjahr 1. April 1905 bis 31. März 1906, die im J. G. W. 06/587 veröffentlicht wurde.

Die Wirtschaftliche Vereinigung setzte im zweiten Geschäftsjahre 1. April 1905 bis 30. März 1906 ab:

200 750,064 t Koks
7 720,000 t Teer
500,000 t Ammoniakwasser.

Die Umlage beträgt:

2,5 ₰ pro t abgesetzter Menge
2 ₰ „ t der nach auswärts gelieferten Menge.

Das ergibt insgesamt einen Betrag von:

12 447,03 ℳ
4 009,94 ℳ
16 456,97 ℳ.

Die Verteilung dieser Summe geschieht in folgender Weise:

a) 19 Werke, die nur Ortsabsatz haben und keinen Koks nach auswärts verkauften zahlen	843,66 ℳ	=	5 %
b) 20 Werke, die bis zu 300 t geliefert haben zahlen	1 145,75 ℳ	=	7 %
	1 989,41 ℳ	=	12 %
c) 10 Werke von 310—500 t Lieferung zahlen . .	436,21 ℳ	=	2½ %
	2 425,62 ℳ	=	14½ %
d) 6 Werke von 510—1000 t Lieferung zahlen . .	1 008,10 ℳ	=	6½ %
	3 433,72 ℳ	=	21 %
e) 13 Werke von 1010—2000 t Lieferung zahlen .	1 640,61 ℳ	=	10 %
	5 074,33 ℳ	=	31 %
f) 20 Werke über 2010 t Lieferung zahlen	11 382,64 ℳ	=	69 %
	16 456,97 ℳ	=	100 %

der Kosten.

Anhang.

Konkurrenz und Konjunktur.

Ein sehr interessantes Problem ist die Frage, inwieweit die Gaswerke durch Konjunkturen und durch die Konkurrenz betroffen werden.

Hier ist zunächst festzustellen, daß hinsichtlich ihres Produktionsbetriebes die Gaswerke, wie alle anderen Industriebetriebe durch Konjunkturschwankungen bei dem Bezuge ihres Kohlenmaterials stark betroffen werden. Es kommt die Hochkonjunktur des Jahres 1901/02, deren Wirkungen ja durch den südafrikanischen Krieg, durch Waggonmangel, durch den Bergarbeiterstreik und durch einen ungewöhnlich kalten Winter außerordentlich verstärkt wurden, sowohl in den Kohlenpreisen wie in den gesamten Selbstkosten der Werke recht deutlich zum Ausdruck. Wir haben gesehen, daß die Kohlenpreise in diesen Jahren recht beträchtlich gestiegen waren und daß die Gaswerke einen sehr bedeutenden Mehrbetrag für Kohlen, teilweise bis zu 33 %, zu zahlen hatten. Interessant ist übrigens hierbei festzustellen, daß die Steigerung der Kohlenpreise 10—15 % betrug, während sich dagegen die Mehrbelastungen der Gaswerke auf 20—25 % beliefen; ein interessantes Beispiel der zunehmenden Verteuerung bis zum Konsumenten.

Auf dem Gebiet der Kohlenversorgung kann das Gaswerk der Konjunktur nicht ausweichen, wohl aber auf dem anderen Gebiet, nämlich dem Eisenmarkt, an dem die Gaswerke wegen ihres Röhrenbedarfes und wegen des Bedarfes an Apparaten und sonstigen Eisenkonstruktionen interessiert sind.

Wenig berührt werden die Gaswerke durch Krisenerscheinungen im Gasabsatz. Allerdings muß diese Frage auch wieder individuell behandelt werden. Gaswerke, welche in Industriegebieten gelegen sind und große industrielle Etablissements versorgen, werden von einer Krisis auch empfindlich getroffen. So hat zum Beispiel das Gaswerk Peine [1] für das Jahr 1902 einen sehr bedeutenden Ausfall zu verzeichnen gehabt, weil ein industrieller Großkonsument seinen Gasverbrauch einschränkte (Minderabnahme 205 000 cbm) und auch vor allem seine Arbeitszeit sehr beträchtlich verkürzte. So finden wir häufig im J. G. W. die Bemerkung, daß ein fühlbarer Gaskonsumrückgang eingetreten sei durch Einschränkung des industriellen Bedarfes infolge Verkürzung der Arbeitszeit und vor allem infolge Einführung der englischen Arbeitszeit. Ebenfalls ein fühlbarer Rückgang trat ein in vielen Städten durch Einführung des 8 Uhr-Ladenschlusses.

Dieser Rückgang ist allerdings in der Regel schon in den nächsten Jahren durch Einführung der Automaten, besser durch allgemeine Gewinnung der Kleinkonsumenten, rückgängig gemacht worden. Und es muß betont werden, daß überall dort, wo nicht ein industrieller bzw. gewerblicher Bedarf vorherrscht, eine Beeinflussung des Gasverbrauches durch die Krisen nicht eingetreten ist. Das ist auch einleuchtend, denn der einzelne Haushalt braucht Leucht- und Kochgas, gleichgültig, wie seine Einnahmeverhältnisse sonst sind. Ob nicht allerdings eine Einschränkung des Gasverbrauches bei herrschender Arbeitslosigkeit und bei großem Absatz an Kleinkonsumenten eintreten würde, muß aber dahingestellt bleiben.

Ein zweites interessantes Moment ist die Frage, wieweit der Gaswerksbetrieb unter dem Einfluß der Konkurrenz steht. Man möchte zunächst geneigt sein, den Einfluß der Konkurrenz für unbedeutend zu halten und in der Tat ist ja die Tatsache feststehend, daß die Konkurrenzverhältnisse der Gaswerke eingeschränkte und besonders geartete sind. Sie sind es, weil heute ja der weitaus größte Teil der Gaswerke, wie oben gezeigt wurde, rund 75 % im Besitz von Gemeinden sind. Diese können aber

[1] J. G. W. 03/775.

die dem Leuchtgas erwachsende Konkurrenz ausschließen, indem sie ihre Straßen nicht zur Benutzung der Rohrleitungen anderer Werke hergeben.

Das Leuchtgas selbst findet eine Konkurrenz in dem Petroleum und in der Elektrizität, sowie an einzelnen Orten in privaten Steinkohlengasanstalten.

Was die Konkurrenz des Petroleums anlangt, so wurde schon oben gesagt, daß dieselbe verhältnismäßig unbedeutend ist, da nur etwa 16 % des gesamten Lichtbedarfes des Deutschen Reiches durch Petroleum gedeckt werden. Dabei ist daran zu erinnern, daß doch nur etwa 50 % der deutschen Bevölkerung in Gasversorgungsgebieten wohnen, so daß ein sehr großer Teil des Petroleumkonsums auf die Hälfte der deutschen Bevölkerung, die nicht für Gas in Frage kommt, entfällt.

Gegenüber dem Petroleum ist rein wirtschaftlich genommen das Gas erst dann konkurrenzfähig, wenn es in der praktischen Verwendung nicht teurer ist als die Petroleumlampe. Es wurde schon gesagt, daß die absoluten Kosten nicht höher sind als diejenigen für Petroleum, daß aber die Leuchtgasflamme wesentlich mehr Licht als die Petroleumflamme liefert. Von dieser Seite aus hat das Leuchtgas also einen gewaltigen Vorsprung gegenüber dem Petroleum voraus, der auch dem Konsumenten einleuchtend aber durchaus nicht ausreichend ist, ihn zum Übergang zum Leuchtgas zu bewegen. Es wurde an anderer Stelle gezeigt, daß vielmehr hier andere Momente wie die der gebührenfreien Legung der Leitung bis an die Konsumstelle und Lieferung der Gasbenutzungsapparate zu geringen Kosten, sowie Erleichterungen der Zahlungsbedingungen ausschlaggebend sind; da diese von den Gaswerken heute gewährt werden, so hat von dieser Seite her also das Leuchtgas heute keine ernsthafte Konkurrenz mehr zu fürchten.

Wesentlich ernster zu nehmen ist die Konkurrenz des elektrischen Lichtes. Das elektrische Licht, und dies kommt zunächst nur ernsthaft in Frage, elektrisches Kochen und Heizen liegen noch in weitem Felde, hat gegenüber dem Leuchtgas zweifellos manche Annehmlichkeiten, die es zum bevorzugten Licht der wohlhabenden Bevölkerung wie der Geschäftswelt machen. Man muß sagen, daß diese Vorzüge allerdings Gegenstand des Luxus sind, den sich aber doch heute schon viele gestatten, häufig allerdings mehr aus der Sucht, mehr zu scheinen als aus wirtschaftlicher Berechtigung.

Aber der Zug zur Elektrizität besteht zweifellos. Die Gaswerke haben das auch erkannt und zu nutzen gewußt, indem sie die technischen Vorzüge des elektrischen Lichtes mit Erfolg auch beim Gas schufen.

Wichtiger aber noch war die Preisfrage. Das elektrische Licht hat durch die Schaffung der Metallfadenlampe eine ähnliche Verbilligung des

Stromverbrauches erfahren, wie das Gas durch den Glühstrumpf von Auer. Trotzdem ist das elektrische Licht heute noch teuer. Man setzt allgemein als gleich 1 KW.-Stunde und 1 cbm Gas. Die erstere kostet im Durchschnitt etwa 40 ₰, das letztere etwa 13—15 ₰. Die Gasbeleuchtung kostet demnach etwa ein Drittel der elektrischen Beleuchtung. Die Elektrizitätswerke sind daher bestrebt, ihre Preise beträchtlich herabzusetzen und sie haben ihre Tarife in bewundernswerter Weise durchgearbeitet. Der Erfolg war der, daß auch die Gasanstalten Preisermäßigungen nähertraten und ihre Tarife genau kalkulierten.

Die bei den Gaswerken in den letzten Jahren beobachtete Pflege der kaufmännischen Seite des Betriebes ist zum größten Teil veranlaßt worden durch die Konkurrenz der Elektrizitätswerke. Über diese Fragen sind leider in der Literatur noch keine Untersuchungen angestellt worden; auch an positivem Material für die einzelnen Werke fehlt es. In der Regel ist das Gaswerk in Gemeindebesitz, das Elektrizitätswerk in Privatbesitz. Hier wird das Gaswerk immer gezwungen sein, der Tarifpolitik des Elektrizitätswerkes zu folgen, es sei denn, daß sich das Gaswerk bestimmte Minimaltarife für das elektrische Licht von vornherein ausbedungen hat. Anders liegen die Dinge dort, wo beide Betriebe im Gemeindebesitz sind. Häufig genug finden wir J. G. W. die Klage der Gaswerksleiter, daß das Elektrizitätswerk in seiner Preisgestaltung wesentlich bevorzugt werde. Es wird gefordert, daß bei beiden Werken die Preise so zu halten seien, daß die Reinerträge eine gleiche Verzinsung der investierten Kapitalien bieten. Wegen der hohen Reinerträge der Gaswerke können sich freilich die Gemeinden dazu selten entschließen.

Endlich ist noch ein Blick zu werfen auf die Konkurrenzverhältnisse in solchen Werken, in denen Gemeinde- und Privatgaswerk nebeneinander bestehen, wie es in großen Städten mehrfach der Fall ist.

Es werden dabei entweder dem privaten Gaswerk bestimmte Stadtgebiete zur Versorgung reserviert, oder aber es wird ihm das ganze Stadtgebiet überlassen. Im letzteren Falle ist der Kampf wenig ökonomisch, denn es werden doppelte Gasleitungen benötigt, und beide Gaswerke werden versuchen müssen, die Konsumenten durch besondere Preise heranzuziehen. Daß solche Fälle vorkommen, erklärt sich daraus, daß die privaten Unternehmer vielfach langlaufende Konzessionen haben und daß, nachdem sich später der Gaswerksbetrieb durch die Stadt bewährt hatte, diese die vollständige Versorgung selbst übernehmen wollten. Im allgemeinen hat das auch zu dem Resultat geführt, daß das städtische Gaswerk Sieger geblieben ist, und daß die private Gesellschaft entweder ihr Gaswerk verkaufte oder es stillegte. Wo aus irgendwelchen Gründen zwei Betriebsformen bestehen blieben, da wurde der privateh Gesellschaft ein bestimmtes Versorgungsgebiet eingeräumt. Außerdem wurden bestimmte gleichmäßige Preise vereinbart. Heute werden private Gaswerke eigentlich nur in kleinen Gemeinden errichtet, die entweder nicht kapitalkräftig genug sind, oder aber aus betrieblichen Gründen auf ein eigenes Gaswerk verzichten. Meist behält sich die Gemeinde auch ein Übernahmerecht vor. Größere Gemeinden verlangen in der Regel für die Erteilung der Konzession so hohe Gewinnberechtigungen, daß die privaten Werke keinen genügenden Vorteil mehr finden.

Endlich wäre noch kurz auf die Konkurrenz des Zechengases hinzuweisen. Die einzelne Gemeinde kann in der Regel natürlich Zechengas ausschließen, indem sie einfach für die Leitungen ihre Straßen nicht hergibt, andererseits wird sie sich aber der Einführung von Zechengas nicht sehr verschließen, wenn ihr die Garantien geboten werden, daß das Gas stets von ausreichender Qualität ist und normal und regelmäßig geliefert wird. In diesen Fällen wird das Gaswerk von mannigfachen Risiken befreit und profitiert trotzdem von dem steigenden Gasverbrauch.

Keinerlei merkbaren Einfluß auf die Gasverwendung hat die Einführung der Leuchtmittelsteuer gehabt. Dagegen sollen allerdings die Glühkörperfabriken einen zeitweiligen Ausfall an Absatz zu verzeichnen gehabt haben. Wieweit der aber auf der anderweitig beobachteten Eindeckung vor Inkrafttreten der Steuer beruht, ist fraglich.

§ 10. Die Selbstkosten der Gaswerke.

Nachdem der Preisgestaltung im einzelnen nachgegangen ist, sei nun noch ein zusammenfassender Überblick über die Gesamtheit der Selbstkosten und die Bedeutung der einzelnen Faktoren in ihr gegeben. Eine solche Betrachtung hat ihre Berechtigung, weil sie zeigt, wieweit die beobachteten Momente verwirklicht worden sind d. h., wie die einzelnen Betriebe wirtschaftlich arbeiten.

In der Zusammenstellung (Anhang IX) sind die Selbstkosten einer Reihe von Gaswerken nach der Zusammenstellung im Kommunalen Jahrbuch wiedergegeben. Ich habe mich darauf beschränkt, die großen Werke bis herab zu 7 Millionen Jahresproduktion sämtlich aufzuführen. Von den kleineren Werken aber aus jeder Produktionsgruppe nur zwei und zwar dasjenige Werk mit den höchsten und dasjenige mit den niedrigsten Kosten. Die Zahlen beziehen sich auf die Betriebsjahre 1909/10 bzw. 1910/11, da die einzelnen Gaswerke ihre Abschlüsse zu verschiedenen Zeiten aufstellen. Diese Unterschiede können aber in diesem Falle außer Betracht bleiben. Ebenso kann für die gerade in Rede stehenden Zwecke die Tatsache außer Rücksicht bleiben, daß die in der Tabelle angegebenen Quoten für Zinsen und Amortisation nicht ohne weiteres vergleichbar sind, da die Kapitalien, auf welche sie bezogen werden, sehr verschieden sind.

Unter Kohlekosten verstehe ich den Betrag, welchen die Gaswerke für Kohle aufwenden mußten, um 1000 cbm Gas zu erzeugen. Die Quote für Amortisation und Zinsen war leicht zu berechnen, da in dem Kommunalen Jahrbuch die Selbstkosten ohne die Quote für Amortisation und Zinsen und diejenigen mit denselben, also einschließlich der genannten Positionen angegeben war.

Die sonstigen Kosten umschließen die Ausgaben für Arbeitslöhne, Gehälter, Ofenunterhaltung usw. Sie sind leider nicht getrennt angegeben, so daß eine Kritik hier nicht möglich ist. Außerdem ist bei den Selbstkosten der einzelnen Gaswerke bereits der Erlös für Nebenprodukte in Abzug gebracht worden; auch dieses Moment verschiebt leider das Gesamtbild. Immerhin aber doch nicht so weit, daß bemerkenswerte typische Verhältnisse nicht noch zum Ausdruck kämen. Eine recht gute Ergänzung dieser Tabelle bieten die nachfolgenden Zahlen, welche für das Gaswerk Düsseldorf im J. G. W. für das Jahr 1911 veröffentlicht worden sind. Die Betriebsausgaben für die Gaserzeugung in Düsseldorf betrugen 1911:

Ausgaben für	im ganzen M	auf 1000 cbm Gas erzeugtes M	 nutzbar abgegebenes M
Gaskohlen	1 492 799,44	42,59	46,90
Koksgas (Koks für Generatoren und Dampfkessel, Benzol und Öl)	11 469,42	0,33	0,36
Betriebslöhne einschl. Koksgaserzeugung	219 887,72	6,27	6,91
Unterhaltung der Gasöfen	50 315,33	1,44	1,58
Reinigung des Gases	12 566,08	0,36	0,40
Wasserverbrauch, Stromverbrauch u. Heizung einschl. Kokserzeugung	35 135,08	1,00	1,10
Betriebsutensilien und Unkosten	63 308,72	1,31	1,99
Dampfmaschinenbetrieb	52 954,35	1,51	1,66
Unterhaltung der Gebäude usw.	20 711,84	0,59	0,65
Unterhaltung der Apparate	34 558,96	0,99	1,90
Unterhaltung der Rohrleitungen	45 196,63	1,29	1,42
Gehälter	116 907,95	3,34	3,67
Pensionen und Wohlfahrt	30 635,49	0,87	0,96
Generalunkosten	47 470,12	1,35	1,49
Summa	2 233 917,13	63,74	70,18

Erzeugtes Gas	35 048 300 cbm
Nutzbar abgegebenes Gas	31 831 248 cbm

Einen recht interessanten Einblick gewährt auch das Gewinn- und Verlustkonto desselben Gaswerks:

Gewinn- und Verlustkonto des Gaswerks Düsseldorf 1912.

Soll		Haben	
An Gehaltkonto	116 908	Per Gasabgabekonto	3 625 977
„ Pensionskonto	30 636	„ Kokskonto	659 413
„ Dampfmaschinen-Betriebskonto	52 954	„ Teerkonto	106 891
„ Gaskohlenkonto	1 492 799	„ Ammoniakkonto	207 183
„ Konto Koksgaserzeugung	11 469	„ Hausanschluß- und Magazinkonto	15 094
„ Ofenunterhaltungskonto	50 315	„ Gasmesserunterhaltungskonto	69 304
„ Betriebslohnkonto	219 888	„ Grundstückunterhaltungskonto	4 005
„ Generalunkostenkonto	47 470		
„ Wasser, Strom u. Heizung	35 135		
„ Utensilien und Betriebsunkosten	63 309		
„ Reinigungsmaterialkonto	12 566		
„ Gebäude-, Wege- und Geleiseunterhaltungskonto	20 712		
„ Apparatenunterhaltungskonto	34 559		
„ Rohrleitungsunterhaltungskonto	45 197		
„ Konto der öffentlichen Beleuchtung	230 008		
„ Zinsenkonto	354 776		
„ etatsmäßigen Abschreibungen	525 000		
„ Stadtkassenkonto, etatsmäßige Abführung an die Stadtkasse	1 050 000		
„ Gasmessermietekonto	228		
„ Gasabnehmerkonto	6 187		
„ diversen Debitoren	1 037		
„ Bilanzkonto	285 714		
	4 686 867		4 686 867

Schließlich mag noch als Ergänzung die Selbstkostenübersicht für die städtischen Gaswerke Berlins (Anhang X d) folgen, wie sie Geitmann auf Seite 38 seines Buches zusammengestellt hat. Ich habe die Tabelle nach der angegebenen Quelle noch für die letzten Jahre ergänzt.

Endlich mögen (Anhang X b) noch zwei Tabellen über die Durchschnittsselbstkosten verschieden großer Gas- und Elektrizitätswerke wiedergegeben werden[1], um die wesentlich größere Rentabilität der Gaswerke gegenüber den Elektrizitätswerken darzutun.

Betrachten wir nun das Tabellenmaterial bezüglich seiner Einzelheiten. Es zeigt sich auf den ersten Blick, daß die Selbstkosten beherrscht werden

[1] Greineder, J. G. W. 1913/301.

durch den Aufwand für Kohle. Auch hier kommt wieder deutlich die geographische Lage mit ihrem Einfluß durch die Kohlenfrachten zum Ausdruck.

Sehr interessant ist die Spalte Zinsen und Amortisation, welche außerordentliche Schwankungen aufweist, die zum Teil wohl durch die zu verschiedenen Zeiten gemachten Neuanlagen verursacht werden, die teilweise aber auch die durch die Neueinrichtungen überhaupt bedingten wesentlich höheren Kapitalinvestitionen erkennen lassen. Werke mit sehr geringer Zinsen- und Amortisationsquote dürften alte Werke sein. Sehr interessant sind die großen Schwankungen, die besonders auch bei den kleinen Werken teilweise zu beobachten sind. Man muß allerdings auch hier feststellen, daß die kleineren Werke im allgemeinen ebenso günstig stehen und daß gerade sie auch verhältnismäßig geringe Quoten aufweisen können.

Außerordentlich starke Schwankungen weist die nächste Spalte auf, welche die allgemeinen Kosten verrechnet. Hier zeigt sich ganz allgemein, daß die kleineren Werke etwas teurer arbeiten wie die größeren, dagegen zeigen auch hier wieder einzelne Werke recht günstige Zahlen. Ein Beweis, daß eben auch kleine Werke nicht viel ungünstiger gestellt zu sein brauchen als große. Aber auch hier sprechen ja örtliche Eigentümlichkeiten etwas mit. Im übrigen wäre für eine genauere Beurteilung notwendig zu wissen, was unter diesen allgemeinen Kosten alles verstanden wird. Es kann z. B. leicht bei einem oder dem anderen Werke gerade in dieser Position eine größere Reparatur zur Verrechnung gelangt sein. Recht typisch sind in dieser Beziehung die auf Seite 142 a wiedergegebenen Selbstkosten, welche recht deutlich das Ansteigen der Selbstkosten mit abnehmender Produktion zeigen. Deutlich kommt in unserer Tabelle die geographische Lage wieder zum Ausdruck. Bei einem Vergleich der Selbstkosten mit dem Gaspreise ist zu berücksichtigen, daß bei dem Kommunalen Jahrbuch bereits der Erlös für die Nebenprodukte von den Selbstkosten abgezogen worden ist. Immerhin zeigt sich aber doch, daß trotzdem die Gaswerke bei ihren Selbstkosten in der Regel noch unter dem Verkaufspreis bleiben. Diese Tatsache ist vor allen Dingen dann wichtig, wenn der Kochgaskonsum eine sehr beträchtliche Höhe erreicht, so daß das Werk unter Umständen mit großen Verlusten arbeiten kann. Sehr interessant ist die Selbstkostenberechnung für Düsseldorf, welche eine genaue Spezialisierung der einzelnen Kosten gibt. Es zeigt sich auch hier der weitgehende Einfluß der Kohlekosten. An zweiter Stelle, aber schon in beträchtlicher Entfernung, stehen die Löhne und in noch weiterer Entfernung die Gehälter. Alle anderen Betriebspositionen sind an sich schon unbedeutend, wenn sie auch naturgemäß in ihrem absoluten Betrag wohl bemerkbar werden, wie sich das z. B. aus der vorstehenden Verlust- und Gewinnrechnung ergibt. Aus der letzteren geht auch die Quote für Abschreibungen hervor, die rund ein Drittel der Kohlekosten ausmacht. Zinsen sind leider nicht in der Verlust- und Gewinnrechnung aufgeführt, sie dürften in der etatsmäßigen Abführung an die Stadthauptkasse enthalten sein. Immerhin ergibt sich aber, daß eben die Aufwendungen für Zinsen und Amortisation den Kohlekosten verhältnismäßig nahestehen und mit diesen zusammen die Selbstkosten des Gaswerksbetriebes beherrschen. Zu den Berliner Selbstkosten ist folgendes zu bemerken. Deutlich prägen sich in ihnen ebenfalls wieder die Schwankungen der Kohlenpreise und ihr Einfluß auf die Selbstkosten aus. Ebenfalls recht deutlich kommen auch die Konjunkturänderungen auf dem Markte der Nebenprodukte zum Ausdruck. Bezüglich der Arbeitslöhne widersprechen aber die Angaben der Tabelle unseren früheren Ausführungen. Hier muß sicher ein Fehler in der Art der Berechnung liegen. Gerade Berlin, dessen Gaswerke technisch doch auf der Höhe stehen, müßte hier wesentlich niedrigere Aufwendungen ausweisen. Leider habe ich auf eine diesbezügliche Anfrage bei der Verwaltung der Berliner Gaswerke keine Antwort erhalten. Ständig gestiegen sind die Kosten für Ofenunterhaltung usw., was auch, wie oben gezeigt wurde, bei der starken Abnutzung leicht verständlich ist. Die Schwankungen für Zinsen und Amortisation dürften sich durch die Neubauten erklären. Welche typischen Verhältnisse ergeben sich nun aus diesem Material für den Gaswerksbetrieb?

Zunächst ist als wichtigstes festzustellen:

Die Gaspreise, besser der Erlös für Gas, decken die Gesamtkosten des Betriebes. Das Hauptprodukt, eben das Gas, wird mit Gewinn verkauft, der Erlös für die Nebenprodukte ist reiner Gewinn. Die Rentabilität des Werkes ist gesichert und die Nebenprodukte tragen mit ihrem Erlös nur zur Erhöhung der Rente bei, wobei natürlich durchaus nicht gesagt ist, daß ihnen nicht auch Bedeutung zukommt und ihre höchst rationelle Ausnutzung zu erstreben ist. Zweitens kommt sehr klar zum Ausdruck, daß, je größer die Gasproduktion ist, desto billiger sich die Selbstkosten gestalten. Man wird im allgemeinen sagen können, daß die Selbstkosten normal und nicht außergewöhnlich billige sind. Auch der außergewöhnlich billige Preis für Berlin wird naturgemäß bei der enormen Produktion kein außergewöhnlich billiger sein, sondern bei anderen Werken mit gleicher Produktionsmenge ebenfalls erreicht werden. Sehr bemerkenswert ist immerhin die sehr hohe Gewinnquote, die Berlin erzielt. Sie beträgt rund 250 %. Ein selten gutes Geschäft, was die bedeutenden Summen, welche Berlin aus seinen Gaswerken zieht, erklärt, aber auch günstige Aussichten für die Zukunft bietet.

Drittens wird man auch die Ergebnisse dieser Selbstkostentabellen beachten müssen, wenn man über die Frage des Einheitsgaspreises diskutiert. Es wird nämlich zu vergleichen sein der Betrag der Selbstkosten mit dem billigen Kochgaspreise, der direkt verlustbringend wirkt, und der für das Werk sehr schädlich werden kann, wenn der Kochgaskonsum eine bestimmte Grenze überschreitet. Schließlich sei hier noch einmal auf die Tatsache hingewiesen, daß eben jede wesentliche Verbilligung der Steinkohlengaspreise den Gasverbrauch außerordentlich steigert und damit die Produktionskosten wieder beträchtlich vermindert.

Wie weit im einzelnen die festgestellten Selbstkosten noch weiter herabzusetzen sind, läßt sich nicht näher ohne besondere Angaben beurteilen. Sicher ist, daß jede Änderung bei der großen Produktion leicht bemerkbar ist. Wie weit die einzelnen Gaswerke hier auf ein gleiches Niveau zurückgeführt werden können, läßt sich nur schwer feststellen, da einmal die geographische Lage durch ihre Einwirkung auf die Kohlekosten maßgebend wird und zum anderen auch die früheren Kapitalinvestitionen von bleibendem Einfluß sind. Nicht jedes Werk ist günstig genug gebaut und es müßte eingehend untersucht werden, wieweit hier überhaupt die Kapitalinvestitionen richtig angegeben sind. Soviel ist aber sicher, der moderne Gaswerksbetrieb wird im Prinzip beherrscht durch die Aufwendungen für Kohle, Zinsen und Amortisation. Erst in weitem Abstande folgt die Aufwendung für Löhne.

Ziemlich genaue, umfassende und sehr wertvolle Statistiken liegen vor über die erzielten Ausbeuten an Gas und Nebenprodukten. Diese Ausbeuten hängen ab von der Konstruktion der Öfen und von dem zur Vergasung gelangenden Rohmaterial (Anhang XI).

Soweit die Ausbeute von der Konstruktion der Öfen abhängt, ist sie als unvermeidlich hinzunehmen, die Verhältnisse verbessern sich hier fortlaufend, da mit jeder Erweiterung, d. h. mit jedem Neubau die rationelleren Ofensysteme zur Anwendung kommen. Wichtiger ist das zweite Moment, die Gasausbeute hinsichtlich der Qualität der Kohle. Auf die hier zu treffenden Maßnahmen wurde schon oben hingewiesen. Hier ist das Schwanken der Ausbeute an sich zu betonen. Und das ist sehr beträchtlich. Die höchste Ausbeute erzielte Magdeburg mit 35,6 cbm pro 100 kg Kohle im Gegensatz zu Stettin, das nur 28 cbm, also rund 25 % weniger Ausbeute erzielte. Das ist doch bei dem hohen Anteil der Kohlekosten, wie schon oben gezeigt, ein sehr beachtenswertes Moment, das die Rentabilität sehr bedeutend beeinflußt. Zweifellos werden alle Werke, die weniger als 32 cbm Ausbeute erzielen, auf eine Erhöhung derselben hinarbeiten müssen. Bei der zunehmenden Rationalisierung des Betriebes wird ja diesen Momenten ständig größeres Interesse zuzuwenden sein. Damit wird dann für das Werk selbst eine Verbilligung der Gestehungskosten verbunden sein[1].

Auch hier treten wieder die Nebenprodukte weit zurück, wobei indessen wieder betont sei, daß sie, absolut genommen, sehr beträchtlich und bemerkenswert sein können.

Bei der Koksproduktion spielt neben der Menge auch die Qualität eine Rolle, die auf den Preis von Einfluß ist und wiederum von der Kohle abhängt. Die Ausbeuteziffern weisen nicht ganz so starke Schwankungen auf wie die des Gases. Trotzdem sind sie doch bemerkenswert und von Einfluß auf den Ertrag.

Über die Ammoniakausbeute läßt sich wenig sagen, sie wird zu verschieden von den einzelnen Werken angegeben, so daß ein Vergleich nicht möglich ist. Sicher werden aber auch hier die einzelnen Erträge sehr schwanken.

Das ist auch der Fall bei dem dritten Nebenprodukt, dem Teer. Wenn z. B. Werke wie Schwabach oder Markkirch ca. 6,6 kg erzielen gegenüber anderen wie z. B. Kiel mit 4,58 oder Bielefeld mit 4,67 kg, so ist das zweifellos kein normales Verhältnis. Gerade in diesem Falle ist übrigens auffällig, daß die kleineren Werke bessere Resultate erzielen als die größeren, während sonst sich besondere typische Verhältnisse nicht feststellen lassen. Insbesondere die naheliegende Annahme, daß größere Werke rationeller arbeiten, da sie mehr Gelegenheit haben, technische Neuerungen einzuführen, findet keine Unterstützung durch die Statistik.

Soviel ist aber sicher und ist auch oft genug in den Fachzeitschriften von sachkundiger Seite ausgesprochen worden, dieser Seite des Gaswerksbetriebes wird bisher nicht die genügende Aufmerksamkeit geschenkt. Die Werke begnügen sich mit der stichprobenweisen Feststellung der Ausbeuten und ihrer Ermittlung auf Grund der Abschlußzahlen. Es herrscht häufig zu sehr der Techniker und zu wenig der Kaufmann. Die Zufriedenheit, einen guten Überschuß erzielt zu haben, setzt über die Tatsache hinweg, daß an sich sehr unrationell gearbeitet worden ist. Eine Nutzbarmachung

---

[1] Vgl. die auf Seite 36 für die verschiedenen Ofensysteme angegebenen Selbstkosten.

der Ausbeuteziffern anderer Werke und eine Untersuchung, worauf die geringeren Werte des eigenen Betriebes zurückzuführen sind, findet meist nicht statt.

Es bleibt noch die Frage zu untersuchen, wie die privaten Gaswerke im Gegensatz zu den gemeindlichen arbeiten. Leider liegt hierüber kein allzu umfangreiches Material vor, im allgemeinen wird man sagen müssen, daß diese ebenso wie die städtischen Werke arbeiten, nicht besser aber auch nicht schlechter. Ihre Abschlußzahlen, insbesondere ihre erzielten Preise, geben die Werke ja nicht bekannt. Von ihnen ist aber anzunehmen, daß sie sparsamer arbeiten. Andererseits ist aber, abgesehen von einigen großen Gesellschaften, die sich rechtzeitig durch langjährige Konzessionen ihr Absatzgebiet gesichert haben, der privaten Unternehmertätigkeit nur das kleine Verteilungsgebiet überlassen geblieben, das naturgemäß, wie wir schon öfter gesehen haben, sehr schlecht rentiert. Es gibt sehr zahlreiche Gasanstalten, die schlecht oder gar nicht rentieren. Der starke Zuwachs an Gaswerken im letzten Jahrzehnt entfällt auf sie und man wird nicht fehlgehen in der Erklärung, daß sie zum Teil nicht einem Bedürfnis der Konsumenten als vielmehr einem Bedürfnis der gaswerkbauenden Industrie entsprungen sind.

§ 11. Die Rentabilität der Gaswerke.

Eigentlich sind ja die ganzen voraufgegangenen Erörterungen eine ausführliche Behandlung dieses Themas. Im engeren Sinne wird aber doch unter Rentabilität nur der absolut erzielte Reingewinn und die Verzinsung des in den Gaswerken investierten Kapitals verstanden. Einer Betrachtung dieses Punktes sollen die folgenden Zahlen gewidmet sein. Sie stützen sich auf eine Reihe eingehender Untersuchungen, welche im J. G. W. von Greineder, Direktor Hase und anderen veröffentlicht worden sind, sowie auf die Untersuchungen von Schnabel-Kühn und Geitmann. Der Rentabilitätsuntersuchung ist man ebenfalls erst in den letzten Jahren näher getreten, und man darf auch hier wieder sagen mit infolge der Entwicklung der Elektrizitätsindustrie. Bei dem heftigen Kampfe zwischen Gas und Elektrizität war es naheliegend, auch die Frage zu diskutieren, wie sich das in den beiden Arten von Werken investierte Kapital verzinse und wie möglicherweise diese Verzinsung bei dem Konkurrenzkampfe in der Preisgestaltung Berücksichtigung finden könne.

Bedauerlicherweise ist das Material noch verhältnismäßig spärlich und auch für viele Zwecke noch bei weitem nicht exakt genug. Hier kommt es nur darauf an, die charakteristischen Rentabilitätszahlen zu ermitteln und dafür genügt das vorhandene Material.

Die Schwierigkeit ist zunächst die, in exakter Weise das in den Gaswerken investierte Kapital festzustellen. Vielfach ist das selbst für die Gaswerke schwer und der Fernerstehende muß doppelt vorsichtig bei der Verwendung bekanntgegebener Zahlen sein. Einzelne Werke schreiben z. B. alle Neuinvestitionen dem ursprünglichen Kapital zu und buchen außerdem die Abschreibungen auf ein besonderes Konto. So kommt es beispielsweise, daß die für einzelne Gaswerke ausgewiesenen Kapitalien außerordentlich hoch erscheinen und durchaus nicht den Tatsachen entsprechen. Man wird für die Berechnung und Ermittlung der Rentabilität immer nur das den wirklichen Verhältnissen angemessene Kapital zugrunde legen müssen. Für verschiedene Werke würde sich also bei dieser Methode die Rentabilität besser gestalten.

Andere Werke legen für die Rentabilitätsberechnung immer nur den Buchwert zugrunde, d. h. Anschaffungswert minus Amortisation. Hier muß man für richtige Berechnungen die im einzelnen angenommenen Amortisationsquoten kennen. Üblich ist, daß man bei vorsichtiger Bilanzierung häufig sehr hohe Amortisationsquoten einstellt, aber auch das Umgekehrte ist der Fall.

Ebenso wie es schwer ist, das Kapital exakt zu ermitteln, so ist auch die Feststellung des Reingewinns nicht leicht. Auch hier werden in der Regel die tatsächlichen Erfolge bessere sein, als sie rechnungsmäßig zum Ausdruck kommen. Zunächst müßte man für genaue Feststellungen immer wissen, ob und zu welchem Preise das von den Gemeinden selbst verbrauchte Gas für die Beleuchtung der öffentlichen Gebäude und Straßen und Plätze eingestellt wurde. Häufig bleibt es außer Betracht oder aber es wird zu einem Preise unter Selbstkosten verrechnet. Beides ist natürlich, wenn man ein genaues Bild des Erfolges haben will, unzulässig.

Ferner wird vielfach bereits das in den Gaswerken investierte Kapital direkt an die Gemeinde verzinst. Häufig kommt es auch vor, daß bereits im Etat eine bestimmte Abführungssumme festgestellt wird, die nun einfach unter den Ausgaben des Gaswerks erscheint, obwohl sie glatt Gewinn ist. So z. B. führt das Gaswerk Düsseldorf in jedem Jahr vorweg 500 000 *M* an die Stadtkasse ab, die als Betriebsausgaben verrechnet werden; außerdem weist das Werk noch einen Überschuß von 227 000 *M* aus, so daß also insgesamt ein Gewinn von 727 000 *M* erzielt ist. Aber auch das Umgekehrte ist der Fall. Häufig wird der sogenannte Bruttogewinn von den Gaswerken angegeben, so daß dann noch die Beträge für Amortisation und Zinsen abzuziehen sind.

Man unterscheidet gewöhnlich zwischen Bruttoüberschuß und Nettoüberschuß. Unter Bruttoüberschuß wird die Differenz zwischen Geldeinnahmen und Geldausgaben verstanden. Von diesem Bruttoüberschuß werden alsdann die Aufwendungen für Zinsen und Amortisation abgezogen und die verbleibende Differenz Nettoüberschuß oder Reingewinn genannt.

Betrachten wir nun im folgenden zunächst die Entwicklung der Überschüsse an sich. Nach dem Statistischen Jahrbuch deutscher Städte hat Schnabel-Kühn eine Übersicht (Anhang XI) zusammengestellt, welcher ich die neuesten Daten hinzugefügt habe.

Die Tabelle zeigt durchgehend eine sehr beträchtliche Steigerung der Einnahmen, die eben mit der wesentlich gesteigerten Produktion zu erklären ist. In außerordentlich typischer Weise kommt aber in der Tabelle das Jahr 1901/02 zum Ausdruck, das wir als ein Krisenjahr mit außerordentlich gestiegenen Kohlenpreisen wiederholt kennen gelernt haben. Sehr interessant ist eine hier nicht wiedergegebene Tabelle, welche ich ebenfalls der Arbeit von Schnabel-Kühn S. 130 entnehme und welche die Reingewinne auf 1 cbm Gas für sehr verschieden große Gaswerke darstellt. Ich selbst habe darauf verzichtet, eine ähnliche Tabelle zu berechnen, da mir das vorhandene Material nicht exakt genug erschien. Aber schon diese Tabelle zeigt bei aller Verschiedenheit, daß im allgemeinen die größeren Gaswerke einen etwas höheren Gewinn abwerfen als die kleineren. Andererseits zeigt sich aber, daß auch kleinere Werke teilweise recht hohe Gewinne abwerfen können. So bringt z. B. den höchsten Reingewinn Lübeck mit 7,3 ₰ pro Kubikmeter Gas gegenüber Berlin mit 4,5 ₰. Man könnte geneigt sein, hier billige Kohlen als Ursache anzunehmen. Dem widerspricht aber z. B. das Ergebnis von Freiburg i. B. und das verhältnismäßig geringe Ergebnis von Beuthen. Freiburg muß zweifellos sehr viel für seine Kohle bezahlen, Beuthen dagegen sehr wenig. Auch sehr interessant ist der hohe Reingewinn des kleinen Werkes Nordenhamm.

Es mag nun noch eine recht interessante Tabelle folgen, welche die Entwicklung des Reingewinnes im Vergleich zur Kapitalinvestition und zum Gaspreise verdeutlicht. Schnabel-Kühn hat auf S. 129 seines Buches für Berlin den Reingewinn und das Anlagekapital für 1000 cbm für eine Reihe von Jahren ermittelt und gegenübergestellt. Ich lasse die Tabelle hier folgen.

Städtische Gaswerke, Berlin.

Jahr	Anlagekapital pro 1000 cbm Gas ℳ	Reingewinn über Verzinsung u. Tilgung hinaus, jedoch einschl. Wert der öffentlichen Beleuchtung ℳ	
1898	576,—	9 713 402	16 ₰ pro Kubikmeter Leuchtgas
1899	567,—	8 767 078	10 ₰ " " Koch- und Kraftgas
1900	542,—	9 633 248	
1901	518,—	6 291 149	Einheitspreis 12,35 ₰ pro Kubikmeter
1902	523,—	6 448 496	
1903	538,—	8 594 432	
1904	554,—	9 677 773	
1905	539,—	9 611 586	
1906	538,—	11 269 783	
1907	535,—	11 698 971	

Sehr interessant ist in derselben die starke Schwankung des Reingewinnes. Für das Jahr 1899 ist sie mit einer Herabsetzung des Gaspreises zu erklären. Der außerordentlich niedrige Gewinn von 1902 beruht auf den durch die hohen Kohlekosten bedingten Mehraufwendungen für Vergasungsmaterial. Außerdem macht sich hier doch wohl die Herabsetzung des Gaspreises zweifellos fühlbar.

Lehrreich sind auch die beiden Tabellen (Anhang XII a, b), welche eine Übersicht geben über diejenigen Beträge, welche von den Gaswerken als Reingewinn an die Gemeinden abgeführt worden sind. Es ist schade, daß insbesondere die zweite Tabelle, welche die Leistungen der privaten Gaswerke aufführt, so außerordentlich lückenhaft ist. Auch hier zeigt sich eine beträchtliche Steigerung, die eben durch die stark gewachsene Produktion veranlaßt worden ist. Jedenfalls zeigen aber schon die wenigen Zahlen, daß doch die Gemeinden recht hohe Beträge aus den Gaswerken ziehen, Beträge, welche in dem Etat der Gemeinden doch eine sehr große Rolle spielen. Ein interessantes Beispiel hierfür bildet die nachfolgende Aufstellung von Schnabel-Kühn. Es ist leider nicht zu ermitteln gewesen, wie das Verhältnis sich bei den anderen Gemeinden stellt. Soviel ist aber sicher, alle Gemeinden sehen den Bau und Betrieb von Gaswerken als etwas außerordentlich Vorteilhaftes an und sind bestrebt, in der Regel aus den Gaswerken einen möglichst hohen Ertrag herauszuwirtschaften. Aus diesen Gründen erklärt es sich auch, daß bei vielen Gemeinden der Gaspreis noch immer ein sehr hoher ist. Es wird auch immer betont, daß gerade die in den Gaswerken investierten Kapitalien für die einzelne Gemeinde eine außerordentlich lukrative Anlage bedeuten.

An Einnahmen entfielen:

		im Jahre 1905 ℳ		%		im Jahre 1904 %
1.	auf die Kleinbahn	187 942	=	2,62	gegen	2,42
2.	„ das Gaswerk	923 743	=	12,88	„	12,73
3.	„ das Wasserwerk	452 871	=	6,32	„	7,65
4.	„ die Verbrauchssteuern	370 748	=	5,17	„	5,47
5.	„ die Spar- und Pfandleihkasse	100 000	=	1,39	„	1,86
6.	„ die Umlagen	1 969 382	=	27,48	„	32,90
7.	„ die Verkehrs- und Warenhaussteuer	108 373	=	1,51	„	—,—
8.	„ die Gebäude und Grundstücke jeglicher Art	450 402	=	6,28	„	6,91
9.	„ den Schlacht- und Viehhof	105 024	=	1,46	„	1,82
10.	„ den Friedhof	33 540	=	0,47	„	0,55
11.	„ den Rheinhafen	114 628	=	1,60	„	1,44
12.	„ das Elektrizitätswerk	181 930	=	2,54	„	2,11
13.	„ die Straßenbahn	397 282	=	5,54	„	5,75
14.	„ die Gebühren für Verrichtungen der Gemeindebeamten	140 271	=	1,96	„	2,03
15.	„ die Gebühren von Wegen, Kanälen und Anlagen sowie für Unterhaltung der früheren Landstraßenstrecken	97 466	=	1,36	„	1,63
16.	„ die sonstigen Einnahmepositionen	1 535 715	=	21,42	„	14,73

Auch hier war es wieder der Kampf mit der Elektrizität, welcher für diese Fragen recht interessante Berechnungen veranlaßt hat. Die Tatsache, daß städtische Elektrizitätswerke gegenüber städtischen Gaswerken durch die Gewährung eines außerordentlich niedrigen Tarifs, der naturgemäß die Entwicklung außerordentlich fördert, hat die Gasleute veranlaßt zu untersuchen, wie sich die in beiden Gruppen investierten Kapitalien verzinsen. Sind solche allgemeinen Berechnungen naturgemäß auch eben mit Rücksicht auf die schon obenerwähnten Schwierigkeiten einer genaueren Erfassung der Kapitalien nur vorsichtig zu verwerten, so wird man sie doch unbedenklich als eine großzügige typische Wiedergabe der Verhältnisse auffassen können. Dabei ist zu betonen, daß sich die Gasfachleute bei ihren Berechnungen auf diejenigen Schätzungen und Daten stützen, welche von den Elektrotechnikern sowohl für Gas als auch für Elektrizitätswerke angegeben werden. Tatsächlich werden sich also die Verhältnisse für Gas noch günstiger gestalten. Zu dieser Frage sagt nun Direktor Hase aus Lübeck in einem Vortrage auf der 53. Jahresversammlung des deutschen Vereins der Gas-

und Wasserfachmänner in München vom 25.—27. Januar 1912 folgendes: „Wie steht es nun mit der Ausnutzung der investierten Kapitalien?

Im großen Durchschnitt — zur Ermittlung desselben hat mir ein umfangreiches und verläßliches Material von über 100 Städten zur Verfügung gestanden — bin ich nach Ordnung desselben auf gleicher Basis zu folgenden Ergebnissen gelangt. Es beträgt die Verzinsung der Anschaffungswerte, d. h. der Gesamtherstellungskosten für große und mittlere Städte bis hinab auf 2,5 Mill. cbm Gaserzeugung:

Aus dem Bruttoerlös (d. h. ohne Rücksicht auf Kapitalverzinsung und Abschreibungen)

14,2 % bei Gaswerken und
12,7 % bei Elektrizitätswerken,

aus dem Reingewinn (d. h. nach Abzug der Kapitalverzinsung und normaler Abschreibungen)

9 % bei Gaswerken und
6,52 % bei Elektrizitätswerken.

Kleinere Städte bis hinab auf ca. 1 Mill. cbm Gaserzeugung kommen

brutto auf 13 % bei Gaswerken und
„ „ 10 % bei Elektrizitätswerken,
netto auf 7,7 % bei Gaswerken und
„ „ 3,1 % bei Elektrizitätswerken.

Desgleichen beträgt für große und mittlere Städte die Verzinsung des Buchwertes der Anlagen

aus dem Bruttoerlös 26,3 % bei Gaswerken und
„ „ „ 18,6 % bei Elektrizitätswerken,
aus dem Reingewinn 17,3 % bei Gaswerken und
„ „ „ 9,0 % bei Elektrizitätswerken.

Kleinere Städte kommen

brutto auf 23,5 % bei Gaswerken und
„ „ 14,4 % bei Elektrizitätswerken,
netto auf 15,0 % bei Gaswerken und
„ „ 4,7 % bei Elektrizitätswerken.

Das wird in gewissem Grade dadurch bestätigt, daß gleiche oder ähnliche Ziffern erreicht werden, wenn ich bezüglich der Unkosten für Anlagewerte eine unseren Anschauungen angepaßte gemeinschaftliche Grundlage schaffe und für alle Werke gleichmäßig vom Bruttoerlös 4 % Zinsen von der noch nicht getilgten Anleiheschuld und 6 % Abschreibungen von den Buchwerten in Abgang bringe. In diesem Falle stellt sich in ziemlicher Übereinstimmung mit vorher die Verzinsung der Anlagewerte aus dem Reingewinn

auf 17,4 % bei größeren und mittleren Gaswerken und
„ 8,2 % „ „ „ „ Elektrizitätswerken,
„ 15,2 % „ kleineren Gaswerken und
„ 4,5 % „ „ Elektrizitätswerken."

Diese Daten sind außerordentlich interessant und man wird zugeben müssen, daß sie auch eine typische Bedeutung, selbst wenn sie sehr ungenau wären, besitzen. Von den Gaswerksleitern wird nun an diese Tatsache die Forderung geknüpft, die Preise für Gas so weit herabzusetzen, daß die Rente der Gaswerke der der Elektrizitätswerke entspreche. Man wird vom volkswirtschaftlichen Standpunkt dieser Forderung nicht ohne weiteres zustimmen können, denn es ist zurzeit wie gesagt durchaus nicht notwendig, den Gaspreis noch wesentlich zu verbilligen und auf der anderen Seite wird man der Elektrizitätsindustrie auch die Wege für eine Entwicklung etwas ebnen müssen, um so mehr, als ja auch mit der steigenden Produktion bei diesen Werken eine sehr beträchtliche Herabsetzung der Gestehungskosten eintritt. Aber auf der anderen Seite wird es doch immer darauf ankommen, wie die Verhältnisse im einzelnen liegen. Man wird es beispielsweise nicht vertreten können, daß dort ein Elektrizitätswerk gebaut wird, wo vorwiegend eine wohlhabende Bevölkerung als Abnehmer in Frage kommt und daß diese gegenüber der ärmeren Bevölkerung durch billigste Preise bevorzugt wird. Richtig betont wird von den Vertretern der Gasindustrie auch, daß nach allen diesen Zahlen die Energieversorgung vieler Gebiete mit Gas wesentlich rationeller sei als die mit Elektrizität, und daß es daher durchaus im Interesse der deutschen Volkswirtschaft läge, diesen Fragen mehr Aufmerksamkeit als bisher zu widmen. Es ist nicht hier der Ort, diese Fragen weiter zu behandeln.

Es bleibt uns endlich noch die Aufgabe, die Rentabilität der privaten Gaswerke zu betrachten. Hier ist das Material leider noch spärlicher als für die städtischen Gaswerke.

Zunächst muß man die Feststellung machen, daß wohl im allgemeinen die privaten Gaswerke an sich schlechter gestellt sind als die gemeindlichen Betriebe, denn es bleibt ihnen in der Regel nur dasjenige Tätigkeitsgebiet offen, was aus irgendwelchen Gründen verhältnismäßig so wenig lukrativ erscheint, daß die Gemeinden selbst nicht den Gaswerksbetrieb übernehmen wollen. Heute halten sich noch eine große Anzahl von Gesellschaften dadurch, daß sie langlaufende Konzessionen noch von früher her haben. Außerdem gehen aber diese Gesellschaften teilweise mit ihrem Arbeitsgebiet in das Ausland.

Was den Gaswerksbetrieb selbst angeht, so dürfte er an sich wohl etwas rationeller betrieben werden als bei den Gemeindebetrieben. Aber erkenntlich ist das aus den bisher veröffentlichten Betriebszahlen nicht.

Die Rentabilität der einzelnen Gaswerke bzw. Gaswerksgesellschaften spiegelt sich in den Dividenden wider. Es liegen für die hauptsächlichsten deutschen Gesellschaften die diesbezüglichen nachfolgenden Angaben vor. Ich entnehme dieselben dem Buche von Geitmann, wobei ich die Daten nach dem Saling bis auf den neuesten Stand ergänzt habe.

Verhältnismäßig sehr schlecht rentieren die kleineren und kleinsten Steinkohlengasanstalten. Das Material ist aber so zerstreut, daß ich es mir versagen muß, es hier wiederzugeben. Einen Einblick in diese Frage gewährt übrigens auch der von Geitmann wiedergegebene Kursbericht der Firma Karl Francke auf S. 100 seines Buches.

Schließlich mögen noch einige vergleichende Zahlen über die Rentabilität privater Gas- und Elektrizitätswerke, welche ich dem J. G. W. entnehme, hier folgen.

	Zahl der Gesellschaften	Aktienkapital in Mill. ℳ 1910/11	1910/11	%	%
Elektrizitätsgesellschaft	65	389,05	411,65	7,2	7,7
Gasgesellschaft.	73	66,40	66,52	9,0	9,6

Für die Rentabilität privater Werke hat Schnabel-Kühn auf Grund persönlicher Mitteilungen wie Angaben in den Schriften des Vereins Band 128, Seite 35, sowie im Saling folgende Zusammenstellung auf Seite 50 ff. seines Buches gegeben, die ich gekürzt, bezüglich der Zahlen aber an Hand des Saling bis auf den neuesten Stand ergänzt, hier folgen lasse.

Deutsche Kontinental-Gasgesellschaft zu Dessau.

Sie wurde 1855 mit einem Grundkapital von 1 500 000 ℳ gegründet; Ende des Jahres 1908 betrug es 21 000 000 ℳ. Obligationen wurden in einer Höhe von 180 000 ℳ ausgegeben. In 15 Beleuchtungsbezirken besaß die Gesellschaft Ende 1908 20 Gasanstalten. Seit der Gründung der Gesellschaft sind 5 Werke in städtische Regie übergegangen. Der Buchwert sämtlicher Werke betrug Ende 1908: 58 277 223,23 ℳ. Dividenden wurden gegeben: 1890/91 10, 10, 10, 10, 10, 10, 11, 11, 12½, 13½, 14, 12 %. 1902/08: 10, 10, 10, 10, 8, 8½, 9 %.

Der Kurs der Aktien (ult.) war 1899/1908: 214; 221,25; 214,25; 210,90; 209; 211,50; 202; 152,80; 163,25 %.

Allgemeine Gas-Aktiengesellschaft zu Magdeburg.

Gegründet wurde diese Gesellschaft 1857 mit einem Aktienkapital von 3 000 000 ℳ. Im Jahre 1904 wurden 1 500 000 ℳ in Obligationen aufgenommen. Im ganzen hatte sie 24 Werke in eigener Verwaltung. Bis 1908 nur noch 15. Das Anlagekapital dieser 15 Werke betrug 1908 5 412 904 ℳ. Die Dividenden betrugen 1889—1898: $4^1/_2$, $4^1/_2$, $4^1/_2$, $5^1/_2$, 6, 6, 6, 6, 6, 7 %; 1899—1908: 7, 8, $7^1/_2$, 6, 7, 7, 7, 7, 6 %.

Der Kurs (ult.) der Aktien 1900—1908 war: 126,75; 128,50; 136,50; 139; 130,10; 139,75; 136,10; 122; 107,75 %.

Gesellschaft für Gasindustrie, Sitz Augsburg.

Das Anlagekapital beträgt rund 4 500 000 ℳ. Die 1873 ausgegebene Obligationsanleihe belief sich auf 2 000 000 ℳ, die bis auf 200 000 ℳ getilgt ist. Im ganzen versorgte die Gesellschaft 23 Beleuchtungsgebiete im In- und Auslande (Österreich und Italien). Das Anlagekapitalkonto der zurzeit im Besitz der Gesellschaft befindlichen Werke betrug am 20. Juni 1908: 6 076 256,79 ℳ, wozu noch ein Bankkonto (für Neubauten) von 1 293 254,95 ℳ kommt. In den Jahren 1907 und 1908 betrug die Dividende 11,6 und 10,50 % und der durchschnittliche Kurs war 165 und 141,50 ℳ. Kurs 1907—12: 173; 155; 133; 148; 145; 147.

Thüringer Gasgesellschaft in Leipzig, früher in Gotha.

Das Aktienkapital beträgt zurzeit 6 750 000 ℳ, die Höhe der ausgegebenen Obligationen 3 000 000 ℳ. Ende 1908 betrieb sie 33 Gaswerke und 2 Elektrizitätswerke. Der Buchwert sämtlicher Anlagen war 1908: 18 502 197,34 ℳ. In den Jahren 1907 und 1908 betrug die Dividende je 16 %, der durchschnittliche Kurs der Aktien 289 und 271,50 %. Kurs 1907—12: 278,50; 283; 298; 280; 284; 273.

Vereinigte Gaswerke in Augsburg.

Das Kapital betrug Ende 1908: 2 500 000 ℳ. Der Betrag der ausgegebenen Obligationen hatte 1908 eine Höhe von 1 000 000 ℳ. An Dividenden wurden in den letzten Jahren 9 % verteilt. Der Kurs der Aktien stand 1907 und 1908 ca. 150 ℳ. Die Zahl der Anstalten war 1908: 23 Gaswerke und 4 Elektrizitätswerke. Seit Gründung der Gesellschaft sind 6 Werke in den Besitz der Kommunen übergegangen. Der Buchwert sämtlicher Werke belief sich 1908 auf 6 200 000 ℳ. Kurs 1907—12: 148; 152; 165; 166; 168; 158.

Aktiengesellschaft für Gas und Elektrizität in Köln.

Das Kapital hatte Ende 1908 eine Höhe von 8 000 000 ℳ. Die Summe der ausgegebenen Obligationen betrug 5 000 000 ℳ. Bis Ende 1908 wurden von dieser Gesellschaft 23 Gaswerke verwaltet, die einen Barwert von zusammen 16 433 177,67 ℳ repräsentierten. An Dividenden wurden verteilt 1895—1908: $4^3/_4$, 5, 6, $7^1/_2$, 8, 8, 7, 5, 5, $5^1/_2$, 6, 6, 6, 4 %.

Der Aktienkurs (ult.) war 1900—1908: 116,60; 110,50; 114,50; 103; 110; 119; 120; 100,50; 104,50 %.

Allgemeine Gas- und Elektrizitätsgesellschaft zu Bremen.

Das Anfangsaktienkapital hat jetzt eine Höhe von 3 000 000 ℳ. An Obligationen waren bis 1908: 1 000 000 ℳ ausgegeben. Die Gesellschaft war bis Ende 1908 bei 24 Werken beteiligt. Seit 1898 sind 10 Werke in städtische Verwaltung übergegangen. Das Anlage- und Betriebskapital gibt die Gesellschaft für 30 Werke

(1908) zu 10 217 090,37 ℳ, den Anlagewert zu 9 174 243,66 ℳ an. Dividenden wurden verteilt 1898—1912: 6, 6, 4½, 4, 3¾, 4, 4, 6, 5½, 5½, 5½ %.

Der Kurs (ult.) betrug 1899—1912: 100,90; 87,75; 68,80; 79,80; 84,25; 98,50; 94,00; 92,50; 93,75; 94,90; 97,20; 94,25 %.

Die Gasanstalts-Betriebsgesellschaft m. b. H.

ist gegründet mit einem Betriebskapital von 50 000 ℳ. Sie unterscheidet sich von den bereits genannten Gesellschaften dadurch, daß sie keine Erwerbsgesellschaft, sondern eine Hilfsgesellschaft der Stammgesellschaften ist, deren Zweck es ist, die von der Berlin-Anhaltischen-Maschinenbau-Aktiengesellschaft in Gemeinschaft mit der Stettiner Schamottefabrik erbauten und in städtischem Besitz befindlichen Gaswerke auf Grund von Pachtverträgen zu betreiben und diesen Städten die Verzinsung und Amortisation der investierten Kapitalien zu garantieren. Bis Ende 1908 standen 32 Anstalten, eine davon mit einem Elektrizitätswerk als Nebenbetrieb und außerdem ein Wasserwerk unter der Verwaltung dieser Gesellschaft. Die Summe der Anlagekapitalien dieser Werke beläuft sich auf 5 412 000 ℳ.

Ausländische Unternehmungen.

Die Imperial-Continental-Gas-Association.

Gegründet wurde sie 1824 in London mit einem Aktienkapital von 1 750 000 £. 1906 wurde das Grundkapital um 1 140 000 £ erhöht, so daß Ende 1908 das autorisierte Aktienkapital eine Höhe von 4 940 000 £ hatte. Die bis Ende 1908 ausgegebenen Obligationen beliefen sich auf 1 235 000 £. Die Imperial-Continental-Gas-Association hatte bis 1908 unter ihrer Verwaltung 44 Gaswerke überhaupt, davon 14 in Deutschland, und zwar 1 in Aachen, 2 in Berlin, je 1 in Berlin-Großlichterfelde, Berlin-Mariendorf, Berlin-Schöneberg, Berlin-Weißensee, Britz bei Berlin, Grünau bei Berlin, Oberschöneweide bei Berlin, Frankfurt a. M., Bockenheim bei Frankfurt a. M., Hannover und Sennheim in Elsaß-Lothringen. Dividenden 1879—1897: 12, 12, 12, 12, 11, 10, 10, 10, 10, 10, 10, 12, 12, 12, 12, 12, 12, 12, 12 %. 1902—1908: 10, 10, 10, 10, 8, 8, 8 %.

Die durchschnittlichen Aktienkurse betrugen 1907 und 1908: 175 und 181 %.

§ 12. Schlußergebnis.

Das Ergebnis der vorstehenden Untersuchung fasse ich in den beiden Sätzen zusammen:

a) Bezüglich des Konsumenten: Die Gaspreise haben sich in den letzten 25 Jahren absolut wie relativ vermindert; absolut, indem die Gaspreise bei den meisten Gaswerken herabgesetzt wurden (es besteht heute noch die Tendenz zur weiteren Herabsetzung); relativ, weil die einzelnen Verwendungsapparate derartig verbessert worden sind, daß sie heute bei gleicher oder erhöhter Leistung wesentlich weniger Gas verbrauchen als um 1890.

b) Bezüglich des Produzenten: Die Selbstkosten sind absolut gefallen, relativ gestiegen. Sie sind absolut gefallen, weil die Gasproduktion außerordentlich gestiegen ist und infolgedessen die festen Kosten an der Gesamtheit der Selbstkosten mit einem ständig geringeren Anteil partizipieren. Sie sind aber relativ gestiegen, weil die einzelnen Teile der Selbstkosten ständig höhere Aufwendungen erforderten. Beträchtlich gestiegen sind die Kohlenpreise, beträchtlich gestiegen sind die Aufwendungen für Zinsen und Amortisation und beträchtlich gestiegen sind auch an sich die Arbeiterlöhne. Es konnte auch gezeigt werden, daß die Anlagekosten der Werke ebenfalls ständig gestiegen sind. Andererseits ist diese Steigerung aufgehoben worden durch sehr verbesserte Konstruktionen der Öfen und der sonstigen Betriebseinrichtungen, wodurch sowohl wesentlich höhere Gasproduktionen erzielt als auch vor allen Dingen eine außerordentlich weitgehende Ausschaltung der Arbeiter herbeigeführt wurde. Infolge der Herabsetzung des Preises ist der Gewinn der Gaswerke an der Produktionseinheit zurückgegangen. Andererseits ist infolge der verschiedenen Maßnahmen die Gasabgabe sehr beträchtlich gestiegen, so daß die Gaswerke trotz der bemerkbaren Verteuerungen ihrer gesamten Produktionsverhältnisse sehr beträchtlich gestiegene (absolut) Überschüsse erbracht haben.

Anhang.

I. Jahresproduktion einiger deutscher Städte in 1000 cbm.

	Stadt	1895	1907	1910/11		Stadt	1895 (1900)	1907	1910/11
89	Allenstein . .	396	1 633	1 854	54	Görlitz	(3642)	5 936	—
58	Altona. . . .	6 770	11 787	13 606	60	Göttingen. . .	1019	4 617	5 138
46	Barmen . . .	8 154	15 793	17 041	87	Hagen	2066	4 738	5 154
45	Berlin. . . .	110 029	234 383	295 238	61	Halberstadt . .	1379	3 565	4 024
56	Bielefeld . . .	2 076	6 863	7 306	56	Halle.	5516	10 344	10 632
54	Bochum . . .	3 549	7 289	8 017	92	Harburg a. E. .	1761	4 833	5 143
79	Bonn	3 304	7 667	8 285	87	Kiel	4065	12 823	14 342
62	Brandenburg .	1 337	3 551	3 704	52	Königsberg . .	5615	17 800	20 276
47	Breslau . . .	15 228	38 498	43 908	61	Kottbus . . .	(2381)	3 141	3 471
60	Bromberg . .	2 150	5 524	5 915	57	Liegnitz. . . .	1810	3 535	3 912
51	Cassel	4 071	10 166	10 685	52	Magdeburg . .	9421	17 125	18 605
61	Charlottenburg	10 754	46 368	55 195	28	Minden. . . .	1288	2 118	2 235
73	Cöln.	24 472	46 759	48 524	56	Mülheim a. R..	1838	5 903	6 331
53	Crefeld. . . .	6 967	11 945	12 456	57	Osnabrück . .	2258	4 755	5 304
53	Danzig. . . .	3 663	8 943	11 850	56	Posen	3236	10 099	11 291
66	Düsseldorf . .	12 299	27 677	32 945	58	Spandau . . .	1500	3 230	5 552
50	Duisburg . .	3 536	7 849	8 946	48	Stettin. . . .	5812	13 339	12 322
37	Elberfeld . . .	9 472	18 673	19 033	47	Wiesbaden . .	3807	11 739	12 556
65	Essen a. R.. .	5 352	12 235	17 205					

II. Gesamtgasabgabe pro Kopf.

Stadt	1888 und 1889 cbm	1895 und 1896 cbm	1906 und 1907 cbm	1911 und 1912 cbm	Stadt	1888 und 1889 cbm	1895 und 1896 cbm	1906 und 1907 cbm	1911 und 1912 cbm
Altona. . . .	—	33	63	77	Halle a. S. . .	52	48	56	59
Augsburg . .	52	56	57	54	Hamburg . . .	65	66	92	108
Barmen . . .	59	63	99	100	Karlsruhe . . .	76	102	116	103
Berlin. . . .	86	—	107	141	Kiel.	46	48	67	100
Bochum . . .	—	47	49	51	Königsberg i. Pr.	31	33	71	82
Braunschweig .	40	43	58	58	Leipzig	78	80	95	100
Bremen . . .	52	65	114	139	Liegnitz	—	35	52	58
Breslau . . .	42	41	73	84	Lübeck.	43	49	68	87
Cassel	46	44	64	67	Magdeburg. . .	41	44	67	71
Charlottenburg	—	82	162	191	Mannheim . . .	—	69	71	73
Chemnitz . . .	45	45	57	67	München. . . .	43	39	46	65
Cöln.	102	86	101	94	Nürnberg . . .	48	49	77	90
Crefeld. . . .	—	59	92	89	Plauen i. V.. .	—	59	83	91
Danzig. . . .	24	—	48	62	Posen	36	44	76	71
Darmstadt . .	—	41	82	90	Potsdam . . .	—	45	84	—
Dresden . . .	68	73	81	94	Neukölln. . . .	—	—	65	86
Düsseldorf . .	53	71	100	92	Stettin	47	42	55	52
Essen	—	56	46	58	Straßburg i. E.	43	55	78	86
Freiburg i. Br.	—	52	78	81	Stuttgart . . .	66	65	95	103
Görlitz	36	40	68	—	Zwickau	—	38	58	70

III. Prozentuale Verteilung des Gasverbrauches.

Stadt	Leuchtgas	Heizgas	Kochgas	Industriegas	Städtischer Verbrauch	Selbstverbrauch	Verlust
Cöln	87,13	12,87			13,81	—	2,26
Schwabach	78,72	—	—	—	7,30 Straßeng. 8,45	2,17	3,36
Freiburg	21,23	—	—	—	2,71	—	—
München	40	52,45			8,45	—	—
Magdeburg	32,76	40,39		2,98	11,37	0,84	7,42
Offenbach	47,25	45,14		5,46	—	—	—
Gas-Ges. Magdeburg	55,2	25,4		8,8	10,6	—	—
Thüringer Gas-Ges.	31,88	13,78		36,27	8,82	1,56	7,69
Markkirch	77,60				2,50 Straßeng. 11,30	2,20	6,40
Landsberg a. W.	83,27				8,76	1,46	—
Eisenach	79,48				9,93	2,78	7,81
Stade	33,7	40,16		7,61	ö. Geb. 0,33 Straßen 9,97	2,17	—
Reutlingen	26,15	43,40		—	6,04	1,87	8,27
Speyer	sind 79 % aller Haushaltungen angeschlossen						
Breslau	35,82	—	—	45,50	3,03 9,18	0,65	5,82
Neumünster	17,432	67,849			10,01	1,16	1,89
Chemnitz	25,3	—	58	—	10,77 ö. Geb.	6,4	
Annaburg	—	—	—	—	—	—	—
Mülheim	71,8				Straßen 15,1	2,0	11,1
Mannheim	85,44				Straßen 9,3	1,31	3,93
Herne	54,72 + 4,69			4,94	ö. Geb. 6,47 Straßen 13,78	2,71	12,69
Karlsruhe	70,5			1,4	Bel. 8,7 ö. B. 7,4	2,551	5,96
Bochum	28,44	43,11		—	ö. B. 14,78	—	11,18
Lübeck	32,086	2,16 40,264		3,208	15,4	1,988	4,628

IV. Verbrauch zu Kochzwecken.

Städte	1896 bzw. 1896/97 Privatverbrauch: in % der Gesamtabgabe	davon Verbrauch zum Kochen und Heizen in %	1907 bzw. 1907/08 Privatverbrauch: in % der Gesamtabgabe	davon Verbrauch zum Kochen und Heizen in %	Städte	1896 bzw. 1896/97 Privatverbrauch: in % der Gesamtabgabe	davon Verbrauch zum Kochen und Heizen in %	1907 bzw. 1907/08 Privatverbrauch: in % der Gesamtabgabe	davon Verbrauch zum Kochen und Heizen in %
Annaberg . .	75,5	3,6	79,2	31,2	Hohenstein-E. .	59,9	3,2	76,4	32,5
Augsburg . .	72,4	6,9	75,1	26,3	Kaiserslautern	36,6	35,0	83,2	51,7
Baden-Baden .	70,6	10,3	73,6	40,9	Königsberg i. Pr.	65,3	8,5	83,8	50,8
Bonn	66,7	13,6	74,1	33,1	Magdeburg . .	74,7	6,2	76,3	36,8
Celle	67,8	28,0	75,0	43,6	Mainz	74,5	17,0	73,7	41,2
Chemnitz . . .	47,2	1,3	79,0	29,1	Mannheim . .	68,2	14,1	69,3	38,5
Colmar . . .	55,2	15,4	73,6	55,4	Markkirch . . .	73,6	6,1	80,0	38,0
Danzig . . .	78,2	5,7	85,8	32,6	Minden . . .	56,6	9,3	73,6	30,6
Darmstadt . .	64,3	15,2	75,8	—	Mülheim a. R.	76,7	13,2	73,2	26,1
Duisburg . .	72,9	9,6	74,2	25,2	Mülheim a. Rh.	68,7	5,4	74,3	21,5
Eisenach . . .	51,0	8,1	77,6	39,0	München . . .	79,9	5,5	74,8	44,6
Elberfeld . . .	79,7	24,7	84,7	42,4	Münster . . .	66,7	9,2	75,9	34,0
Elbing	77,2	5,9	79,0	49,8	Neumünster . .	—	—	85,9	61,9
Forst i. L. . .	83,1	13,8	83,9	34,3	Offenbach . .	77,9	19,1	82,2	38,4
Freiburg i. Br.	57,4	14,6	74,9	45,6	Osnabrück . .	57,4	15,4	67,4	32,0
Gaarden b. Kiel	27,0	5,4	60,6	32,6	Plauen i. V. .	82,0	9,9	87,9	44,6
Gießen. . . .	54,6	9,4	70,9	37,0	Posen	58,9	9,8	74,2	34,8
Schwäb.-Gmünd	68,4	4,5	89,6	51,6	Rendsburg . .	48,7	30,2	57,2	44,6
Gumbinnen. .	53,0	8,1	72,6	39,3	Stettin . . .	60,1	6,2	81,0	32,4
Halle a. S.. .	68,4	3,2	80,8	22,4	Stralsund . .	61,4	5,0	82,1	41,5
Halberstadt . .	63,8	12,2	72,0	30,2	Straßburg . .	67,9	12,2	72,1	58,1
Hanau	81,2	4,8	84,0	29,8	Trier	70,4	6,3	76,8	33,1
Hildesheim . .	42,5	12,5	74,9	37,8	Würzburg . .	67,4	9,0	83,5	41,1

V. Kohlekosten der städtischen Gaswerke.

Städte	Gasproduktion 1000 cbm	Vergaste Kohle in 1000 kg	Kohlepreis pro 1000 kg *M*	Ausbeute aus 1000 kg Kohle in cbm	Kohlekosten	Gesamtselbstkosten pro cbm Gas in ₰
Über 20 000 000 cbm Gesamtabgabe, 13 Gemeinden.						
1. Berlin . . .	295 238	800 937	19,90	325,1	61,00	7,5
2. Hamburg . .	102 279	299 099	—	326	—	—
3. Charlottenburg	55 195	164 324	16,25	302,2	53,80	6,59
4. Dresden . .	53 788	159 339	20,75	311,8	66,40	7,42
5. Cöln	48 524	137 307	15,85	350,6	45,30	6,94
6. Leipzig . . .	46 318	153 190	21,30	319,5	66,50	11,11
7. Breslau. . .	43 908	136 536	17,49	299	58,10	6,57
8. München . .	36 225	107 756	25,84	336,2	76,90	12,3
9. Bremen . . .	33 098	104 914	14,97	299	49,90	7,94
10. Düsseldorf. .	32 945	103 364	14,44	311,4	46,40	6,05
11. Stuttgart . .	30 857	88 117	21,98	324,9	67,30	9,01
12. Nürnberg . .	29 929	75 487	—	300	—	11,13
13. Chemnitz . .	20 348	58 773	—	303	—	7,28

V. Kohlekosten der städtischen Gaswerke. (Fortsetzung.)

Städte	Gasproduktion 1000 cbm	Vergaste Kohle in 1000 kg	Kohlepreis pro 1000 kg ℳ	Ausbeute aus 1000 kg Kohle in cbm	Kohlekosten	Gesamtselbstkosten pro cbm Gas in ₰
Von 20 000 000 — 10 000 000 cbm Gesamtabgabe, 16 Gemeinden.						
14. Elberfeld . . .	19 033	53 670	—	315	—	—
15. Magdeburg . .	18 605	51 250	—	356	—	—
16. Essen	17 205	12 477,5	13,35	323,9	41,20	7,66
17. Barmen . . .	17 041	37 922,5	16,24	292,8	55,40	6,05
18. Karlsruhe . .	15 530	48 571,2	19,44	303,8	64,80	9,29
19. Kiel	14 342	43 177,7	15,45	302,6	51,50	8,6
20. Mannheim . .	14 104	46 664,4	18,28	302,2	60,90	8,74
21. Altona	13 606	46 703,7	13,00	292,3	44,50	8,61
22. Wiesbaden . .	12 556	36 522,9	—	300,1	—	8,71
23. Crefeld	12 456	38 281,4	14,37	304,4	46,90	9,58
24. Stettin . . .	12 322	36 950	16,10	280	57,50	7,77
25. Danzig . . .	11 850	34 194,6	15,30	346,5	44,30	8,00
26. Posen	11 291	32 514	—	300	—	—
27. Plauen i. V. .	10 896	28 742,5	21,63	305,1	70,90	10,02
28. Cassel	10 685	37 315,5	17,40	286	60,90	9,32
29. Halle a. S. .	10 632	31 348,3	18,97	339,2	58,60	7,82
Von 10 000 000 — 7 000 000 cbm Gesamtabgabe, 14 Gemeinden.						
30. Mainz	9 830	26 750	—	303	—	9,95
31. Pforzheim . .	9 592	26 900	22,00	313,6	70,30	9,94
32. Lübeck	9 192	27 860,7	14,25	307,3	46,10	5,34
33. Duisburg . .	8 946	25 962	—	344	—	—
34. Saarbrücken .	8 509	20 251,1	16,35	300	54,50	7,08
35. Braunschweig .	8 453	26 630	—	317	—	—
36. Darmstadt . .	8 390	21 957,5	—	309,1	—	8,91
37. Bonn a. Rh. .	8 285	23 350	—	355	—	—
38. Bochum . . .	8 017	16 989	—	320	—	—
39. Offenbach a. M.	7 871	22 180	20,40	355	57,40	11,45
40. Bielefeld . . .	7 306	22 457,5	16,60	308,8	53,70	7,95
41. Gelsenkirchen .	7 105	—	—	—	—	—
42. Fürth i. B. .	7 088	19 519	—	310,3	—	10,00
43. Freiburg i. Br.	7 037	19 815,7	21,96	337,6	65,00	9,89
Von 7 000 000 — 5 000 000 cbm Gesamtabgabe, 14 Gemeinden.						
44. Augsburg . .	6 594	15 967	—	336	—	—
45. Heidelberg . .	6 461	20 402	—	301	—	—
46. M.-Gladbach .	—	20 244,3	14,84	299,9	49,45	9,33
47. Mülheim a. R. .	6 331	—	—	—	—	7,67
48. Bromberg . .	5 915	17 084,7	18,39	307,6	60,00	8,42
49. Würzburg . .	5 857	16 856,4	—	316	—	9,93
50. Münster i. W.	5 788	17 891	—	322	—	—
51. Remscheid . .	5 574	16 601,1	15,00	332,2	45,20	5,63
52. Spandau . . .	5 552	17 857	—	292	—	—
53. Zwickau . . .	5 535	16 959,1	15,40	326	47,30	—
54. Coblenz . . .	5 502	19 580,6	17,06	281	60,90	7,00
55. Osnabrück . .	5 304	14 809,8	15,50	358	42,70	8,23
56. Hagen i. W. .	5 154	16 372,5	14,85	314,7	47,10	8,42
57. Harburg a. E.	5 143	17 570	15,00	292,7	51,20	7,81

VIa. Lohnsätze der Feuerhausarbeiter, Feuerleute, Ofen- und Retortenarbeiter der Gaswerke.

Lohnsätze in Pfennigen.

Städte	Lohngruppen																		Zusammen	
	unter 300		300 bis unter 325		325 bis unter 350		350 bis unter 375		375 bis unter 400		400 bis unter 450		450 bis unter 500		500 bis unter 550		über 550			
	1902	1907	1902	1907	1902	1907	1902	1907	1902	1907	1902	1907	1902	1907	1902	1907	1902	1907	1902	1907
Altona	—	—	—	—	—	—	—	—	—	—	—	—	21	7	2	15	—	3	23	25
Barmen	—	—	—	—	—	—	40	—	17	—	11	20	6	38	—	6	—	—	74	64
Braunschweig	—	—	1	—	—	—	20	—	9	—	4	1	—	—	4	4	—	—	38	5
Bremen	—	—	—	—	—	—	—	—	—	—	34	—	33	20	9	33	—	2	76	55
Breslau	21	—	29	—	10	4	19	15	—	12	—	19	—	5	—	—	—	—	79	55
Cassel	6	—	—	—	—	9	12	5	—	9	6	5	1	12	1	1	—	1	26	42
Charlottenburg	—	—	—	—	—	—	—	—	38	—	36	44	11	24	44	6	—	55	129	129
Chemnitz	—	—	—	—	—	—	—	—	—	—	—	—	—	2	—	—	—	—	—	2
Cöln	.	—	.	—	.	—	.	—	.	12	.	55	.	12	.	36	.	23	.	140
Dresden	—	—	—	—	—	—	—	—	—	—	81	9	—	118	—	—	—	—	81	127
Düsseldorf	—	—	—	1	—	—	—	2	50	1	56	14	—	79	—	—	—	—	106	97
Elberfeld	—	—	—	—	—	—	—	—	12	5	36	49	—	26	—	—	—	—	48	80
Essen	—	—	—	—	—	—	—	—	—	—	—	4	—	18	—	8	—	—	—	30
Freiburg i. Br.	—	—	—	—	—	—	12	—	3	13	2	10	—	2	—	—	—	—	17	25
Görlitz	14	—	5	—	2	—	—	4	—	2	—	—	—	—	—	—	—	—	21	6
Halle a. S.	—	—	—	—	—	—	—	—	—	—	44	30	—	—	—	—	—	—	44	30
Karlsruhe	—	—	—	—	—	—	15	—	18	—	5	42	—	14	—	—	—	—	38	56
Kiel	—	—	—	—	—	—	—	—	—	—	20	—	—	—	—	37	—	—	20	37
Königsberg	—	—	39	—	11	24	6	27	1	10	8	8	1	—	—	2	1	1	67	72
Leipzig	—	—	—	—	—	—	—	—	—	—	1	1	87	5	—	57	—	—	88	63
Lübeck	.	—	.	—	.	—	.	—	.	—	.	—	.	2	.	9	.	—	.	11
Magdeburg	.	—	.	—	.	—	.	—	.	—	.	—	.	3	.	80	.	—	.	83
Mannheim	—	—	—	—	—	—	—	—	5	—	49	—	6	7	—	36	—	4	60	47
München	—	—	—	—	—	—	—	—	—	—	37	14	28	38	12	13	3	36	80	101
Nürnberg	—	—	—	—	4	—	37	6	26	—	10	31	—	1	2	—	—	—	79	38
Plauen	—	—	—	—	17	—	6	2	1	—	—	16	—	1	—	—	—	—	24	19
Posen	—	—	1	—	5	—	2	2	—	3	—	1	—	1	—	—	—	—	8	7
Stuttgart	—	—	—	—	—	—	—	—	—	—	—	34	42	90	28	—	—	—	70	124
Zusammen	41	—	75	1	49	37	169	63	180	67	440	410	236	602	102	263	4	127	1296	1570

VI b. Lohnsätze der Feuerhausarbeiter, Feuerleute, Ofen- und Retortenarbeiter der Gaswerke. (Fortsetzung.)

Lohnsätze in Pfennigen.

Lohngruppen	Absolute Zahlen. Von den gelernten Arbeitern und zwar: Maschinisten, Heizer usw.		Schlosser		Feuerhausarbeiter, Retortenarbeiter usw.		Verhältniszahlen. Von 100 gelernten Arbeitern und zwar: Maschinisten, Heizer usw.		Schlosser		Feuerhausarbeiter Retortenarbeiter usw.	
	entfallen auf die Lohngruppen						entfallen auf die Lohngruppen					
	1907	1902	1907	1902	1907	1902	1907	1902	1907	1902	1907	1902
unter 200	1	—	—	1	—	—	0,0	—	—	0,1	—	—
200 bis unter 250	—	4	3	3	—	—	—	0,3	0,2	0,3	—	—
250 „ „ 275	5	23	4	31	—	17	0,3	1,7	0,2	3,4	—	1,3
275 „ „ 300	5	26	2	12	—	24	0,3	2,0	0,1	1,3	—	1,9
300 „ „ 325	36	93	41	110	1	75	1,9	7,0	2,5	11,9	0,1	5,8
325 „ „ 350	70	126	49	53	37	49	3,8	9,5	3,0	5,7	2,8	3,8
350 „ „ 375	182	317	206	191	63	169	9,8	23,9	12,5	20,6	4,8	13,0
375 „ „ 400	194	200	186	168	55	180	10,5	15,0	11,3	18,1	4,2	13,9
400 „ „ 450	571	307	491	224	348	440	30,8	23,1	29,8	24,2	26,7	33,9
450 „ „ 500	408	128	424	105	488	236	22,0	9,6	25,8	11,3	37,4	18,2
500 „ „ 550	224	65	176	22	210	102	12,1	4,9	10,7	2,4	16,1	7,9
550 „ „ 600	102	21	61	5	84	4	5,5	0,6	3,7	0,5	6,5	0,3
600 „ „ 700	51	18	4	2	14	—	2,8	1,3	0,2	0,2	1,1	—
700 und mehr	4	1	—	—	4	—	0,2	0,1	—	—	0,3	—
Zusammen	1853	1329	1647	927	1304	1296	100,0	100,0	100,0	100,0	100,0	100,0

VII. Ausbeute und Erlös an Nebenprodukten.

Städte	Gasproduktion in 1000 cbm	Koks: Durchschnittsausbeute in t	Koks: Durchschnittspreis in ℳ	Koks: Erlös aus der Koksproduktion in 1000 ℳ	Ammoniak: Durchschnittsausbeute in t	Ammoniak: Durchschnittspreise für 100 kg in ℳ	Ammoniak: Erlös aus dem Ammoniakverkauf in 1000 ℳ	Teer: Durchschnittsausbeute in t	Teer: Durchschnittspreise für 100 kg in ℳ	Teer: Erlös aus dem Teerverkauf in 1000 ℳ	Reinigungsmasse: Erlös aus dem Verkauf in ℳ	Graphit usw.: Erlös aus dem Verkauf in ℳ	Gesamterlös aus den Nebenprodukten in ℳ
Bamberg . . .	—	—	2,10	123,3	—	24,58	12,2	—	2,39	13,1	180	500	149 373
Barmen . . .	17 041	25 007	1,31	225,1	557 90	86,34	88,4	1 674	2,47	45,4	5 643	—	394 564
Berlin	295 238	568 954	1,74	5284,9	101 966 6 219 904	—	1180,0	37 [illegible]65	2,72	1008,2	—	75 198	7 548 287
Bielefeld . . .	7 306	16 224	1,68	133,0	238	23,16	47,6	1 074	2,30	21,7	3 438	606	206 397
Bochum . . .	8 017	11 695	1,45	166,1	173	18,13	31,3	728	2,64	24,3	960	—	222 632
Bremen . . .	33 098	76 199	1,69	719,6	1 545	17,71	180,5	4 839	2,15	89,1	17 916	5 281	1 012 452
Breslau . . .	43 908	102 275	1,73	1004,1	19 694 1 898	86,9	222,6	7 512	3,30	200,8	5 895	—	1 433 497
Bruchsal . . .	1 197	2 510	2,20	34,1	334	0,76	2,5	193	2,82	5,3	120	—	42 127
Cassel	10 685	27 748	1,56	275,9	347	12,91	46,7	1 755	2,08	30,2	4 642	540	357 953
Charlottenburg	55 195	103 818	1,72	966,6	21 135 325 1 794	—	149,1	6 986	3,42	151,7	2 583	—	1 270 014
Colmar. . . .	3 915	9 452	2,29	147,1	48,6	22,13	10,0	738	2,99	20,9	1 225	—	179 289
Cöln	48 524	101 225	1,36	1004,1	1 435 8,57	18,90	197,3	6 514	2,67	158,2	10 839	1 000	1 371 515
Crefeld	12 456	28 308	1,29	284,5	86	—	71,7	1 799	2,55	42,7	5 195	11 050	415 189
Danzig	11 850	24 270	1,81	219,4	362	23,48	50,1	1 923	2,93	37,2	158	9 612	316 446
Duisburg. . .	8 946	19 260	1,42	195,5	3 995	59,6	36,7	1 290	2,88	34,6	4 277	—	271 098
Düsseldorf . .	32 945	74 096	—	786,1	1 059	18,99	152,8	4 253	2,50	100,7	9 099	—	1 048 577
Elberfeld . . .	19 033	40 721	1,42–1,80	375,5	150	84,43	88,2	2 586	2,64	63,5	6 123	1 778	535 151
Essen.	17 205	9 159	1,45	207,0	110 186	15,96	26,9	9 155	2,13	23,7	3 660	1 250	202 658

VII. Ausbeute und Erlös an Nebenprodukten. (Fortsetzung.)

Städte	Gasproduktion in 1000 cbm	Koks: Durchschnittsausbeute in t	Koks: Durchschnittspreis in ℳ	Koks: Erlös aus der Koksproduktion in 1000 ℳ	Ammoniak: Durchschnittsausbeute in t	Ammoniak: Durchschnittspreise für 100 kg in ℳ	Ammoniak: Erlös aus dem Ammoniakverkauf in 1000 ℳ	Teer: Durchschnittsausbeute in t	Teer: Durchschnittspreise für 100 kg in ℳ	Teer: Erlös aus dem Teerverkauf in 1000 ℳ	Reinigungsmasse: Erlös aus dem Verkauf in ℳ	Graphit usw.: Erlös aus dem Verkauf in ℳ	Gesamterlös aus den Nebenprodukten in ℳ
Frankfurt a. M.	—	—	1,22	10,5	—	66,3	2,6	—	2,87	3,2	—	100	16 429
Freiburg i. Br.	7 037	13 495	2,25	185,3	93	24,89	21,3	1426	2,71	31,9	—	—	238 513
Görlitz	—	—	1,50	98,7	—	18,72	20,9	—	2,83	21,1	4 181	—	144 834
Halberstadt	4 024	9 711	2,12	157,8	2 044	24,20	15,0	504	2,71	14,6	965	—	188 402
Heidelberg	6 461	13 546	2,12	172,8	2 233	0,83	10,4	1300	2,41	29,7	2 088	661	215 708
Heilbronn	3 452	7 769	2,80	103,4	1 126 87	—	16,6	718	2,93	16,1	1 503	337	137 885
Karlsruhe	15 530	32 825	2,18	406,4	439	13,22	57,3	2956	2,59	72,1	4 420	2 155	542 367
Kiel	14 342	29 095	1,47	310,8	354	16,10	43,0	1843	2,68	26,8	2 274	3 186	386 096
Landau	1 440	—	2,22	36,4	7,64	83,4	5,5	255	2,80	6,8	375	336	49 549
Leipzig	46 318	101 478	—	903,7	613 7 201	15,66	134,7	7549	—	153,8	6 640	8 244	1 207 120
Lübeck	9 192	18 276	2,26	215,0	218	25,5	32,3	1366	1,24	12,8	3 899	—	264 064
Magdeburg	18 605	37 768	1,60	509,9	10 864	105,42	93,2	2555	2,53	62,5	8 323	1 257	675 120
Mainz	9 830	19 280	1,51	222,2	381	—	42,2	1721	3,57	63,1	7 942	—	333 434
Mülheim a. Rh.	2 798	6 324	1,50	76,2	78	23,39	17,3	453	2,65	11,2	1 196	402	106 339
Mülheim a. R.	6 331	1 566	1,50	124,1	71	12,86	16,6	71	2,86	21,0	285	—	162 117
München	36 225	72 214	3,10–3,30	1151,2	14 156 194	13,07	91,7	5063	2,25	102,2	7 365	—	1 352 421
Münster	5 788	13 492	1,60	142,6	185	12,10	28,6	810	2,37	17,1	1 300	—	188 648
Plauen	10 896	17 982	2,41	156,7	216	26,00	38,1	1741	2,47	35,3	1 475	1 580	233 144
Stettin	12 322	30 911	1,56	318,0	218 418	21,45	51,8	1826	2,54	42,9	19 752	931	433 408
Stuttgart	30 857	60 950	2,51	748,1	19 826 984	—	86,6	4545	2,05	117,6	1 030	—	953 359
Würzburg	5 857	10 849	2,14	163,0	92	24,30	15,9	997	2,39	20,5	—	—	199 530
Zwickau	5 535	12 019	1,79	105,6	123	24,80	22,9	1147	1,06	23,4	1 272	602	153 719

VIII. Die gegenwärtigen Gaspreise bei den deutschen Gaswerken.

Ort	Gasproduktion 1000 cbm	Einheitspreis ₰	Industriegas ₰	Motorengas ₰	Automatengas ₰	Leuchtgas ₰	Kochgas ₰
Berlin	295 238	13	13	13	14,81	—	—
Hamburg	102 279	14	14	14	16	—	—
Charlottenburg .	55 195	13	13	13	14,7	—	—
Dresden	53 788	$13^1/_2$	12	12	—	—	—
Cöln	48 524	13	10	10	14,5	—	—
Leipzig	46 318	—	12	12	16	18	12
Breslau	43 908	—	10	10	16	18	10
München	36 225	—	15	14	17	21	15
Bremen	33 098	$13^1/_2$	—	—	15	—	—
Düsseldorf . . .	32 945	12	8	8	14,5	—	—
Stuttgart . . .	30 857	13	13	13	15	—	—
Nürnberg . . .	29 929	—	—	—	14	18	12
Chemnitz	20 348	—	13	13	19 u. 14	18	13
Elberfeld	19 033	$12^1/_2$	8	8	16	—	—
Magdeburg . . .	18 605	—	10	10	20 u. 15–12	18	12
Essen	17 205	—	10	10	$12^1/_2$	—	—
Barmen	17 041	—	10	10	16	16	10
Karlsruhe . . .	15 530	14	14	12	15	—	—
Kiel	14 342	16	16	13	18	—	—
Mannheim . . .	14 104	14	—	—	15	—	—
Altona	13 606	14	12	12	—	—	—
Wiesbaden . . .	12 556	16	—	—	16	—	—
Crefeld	12 456	—	12	12	16	—	—
Stettin	12 322	13	10	12	$16^2/_3$	—	—
Danzig	11 850	14,5	12	12	17,39	—	—
Posen	11 291	13,5	13	13	17	—	—
Plauen i. V. . .	10 896	16	11	12	15, 17 u. 19	—	—
Cassel	10 685	—	12	12	16	—	—
Halle a. S.. . .	10 632	—	12	12	16—12	16	12
Mainz	9 830	13	13	13	14 u. 16	—	—
Pforzheim . . .	9 592	13	12	12	14	15	12
Lübeck	9 192	13	12	12	13	—	—
Duisburg . . .	8 946	12	10	10	13,33	12	10
Saarbrücken . .	8 509	$13^1/_2$	10	10	15	—	—
Braunschweig . .	8 453	14	14	—	17	—	—
Darmstadt . . .	8 390	16	9	12	$16^2/_3$	—	—
Bonn a. Rh. . .	8 285	13	10	10	16	—	—
Offenbach a. M. .	7 871	—	—	12	20	18	12
Bielefeld	7 306	13	—	—	—	—	—
Gelsenkirchen . .	7 105	—	10	10	14,3	13	10
Freiburg i. Br. .	7 037	—	14	14	15	18	14

IX. Selbstkosten der deutschen Gaswerke für 1 cbm Gas.

Städte	Gasproduktion in 1000 cbm	Kohlekosten	Zinsen und Amortisation	Sonstige Kosten	Gesamtselbstkosten	Gaspreis	
						L.-Gas	T.-Gas
Über 20 000 000 cbm Gesamtabgabe, 13 Gemeinden.							
Berlin	295 238	6,12	1,34	4,78	7,05	E. 12,35, A. 14,81	
Hamburg . . .	102 279	—	—	—	—	E. 14, A. 16	
Charlottenburg	55 195	5,38	2,35	3,03	6,59	E. 13	
Dresden . . .	53 788	6.67	1,16	5,51	7.42	16	12
Cöln	48 524	4,52	2,42	2,10	6,94	16	10
Leipzig	46 318	6,67	3,80	2,87	11,11	18	12
Breslau . . .	43 908	5,84	2,32	3,52	6,57	18	10
München . . .	36 225	7,69	4,56	3,13	12,30	21	15
Bremen . . .	33 098	5,00	2,77	2,23	7,94	E. 13,5	
Düsseldorf . .	32 945	4,64	2,01	2,63	6,05	E. 13, Mo. 8; A. 14.	
Stuttgart. . .	30 857	6,78	2,70	4,08	9,01	20 u. 17	12
Nürnberg. . .	29 929	—	3,07	—	11,13	18	12; A. 14
Chemnitz . . .	20 348	—	1,79	—	7,28	18	13
Von 20 000 000 — 10 000 000 cbm Gesamtabgabe, 16 Gemeinden.							
Elberfeld . . .	19 033	—	—	—	—	E. 12,5, Mo. 8	
Magdeburg . .	18 605	—	—	—	—	18	12
Essen.	17 205	4,13	2,87	1,26	7,66	E. So. 10; Wi. 13	
Barmen . . .	17 041	5,56	1,34	4,22	6,05	16	10
Karlsruhe . .	15 530	6,41	1,49	4,92	9,29	E. 14, Mo. 12; A. 15.	
Kiel	14 342	5,11	3,46	1,65	8,60	E. 16, Mo. 13	
Mannheim . .	14 104	6,05	4,01	2,04	8,74	E. 14, A. 15	
Altona	13 606	4,45	3,51	0,94	8,61	E. 14, Mo. 12	
Wiesbaden . .	12 556	—	3,37	—	8,71	E. 16, A. 16	
Crefeld	12 456	4,72	0,96	3,76	9,58	18	12
Stettin. . . .	12 322	5,75	2,84	2,91	7,77	16	12
Danzig	11 850	4,42	2,69	1,73	8,00	17	13
Posen	11 291	—	—	—	—	18	13
Plauen i. V. .	10 896	7,09	3,15	3,94	10,02	15	13
Cassel	10 685	6,09	3,19	2,90	9,32	E. So. 14, Wi. 16; Mo. 12	
Halle a. S. . .	10 632	5,58	2,26	3,32	7,82	16	12
Von 10 000 000 — 7 000 000 cbm Gesamtabgabe, 14 Gemeinden.							
Mainz	9 830	—	3,44	—	9,95	19	13
Pforzheim . .	9 592	7,02	1,30	5,72	9,94	15	12
Lübeck	9 192	4,64	2,71	1,93	5,34	18	12
Duisburg. . .	8 946	—	—	—	—	16	10
Saarbrücken .	8 509	5,45	1,31	4,14	7,08	16	10
Braunschweig .	8 453	—	—	—	—	E. 14	
Darmstadt . .	8 390	—	2,70	—	8,91	16	12
Bonn a. Rh. .	8 285	—	—	—	—	16	10
Bochum . . .	8 017	—	—	—	—	14	8
Offenbach a. M.	7 871	5,74	4,76	0,98	11,45	18	12
Bielefeld . . .	7 306	5,38	3,21	2,17	7,95	13	10
Gelsenkirchen .	7 105	—	—	—	—	13	10
Fürth i. B. . .	7 088	—	4,22	—	10,00	18	12
Freiburg i. Br.	7 037	6,51	2,79	3,72	9,89	21	15

IX. Selbstkosten der deutschen Gaswerke für 1 cbm Gas. (Fortsetzung.)

Städte	Gasproduktion in 1000 cbm	Kohlekosten	Zinsen und Amortisation	Sonstige Kosten	Gesamtselbstkosten	Gaspreis L.-Gas	Gaspreis T.-Gas
Von 7 000 000 — 5 000 000 cbm Gesamtabgabe, 14 Gemeinden.							
Würzburg . .	5857	—	3,21	—	9,93	20	12
Coblenz . . .	5502	6,78	1,48	5,30	7,00	18	12
Von 5 000 000 — 3 000 000 cbm Gesamtabgabe, 23 Gemeinden.							
Brandenburg .	3704	4,83	5,27	—	10,34	17	13
Göttingen. . .	5138	6,01	2,67	3,34	6,8	16	12
Von 3 000 000 — 2 000 000 cbm Gesamtabgabe, 43 Gemeinden.							
Freiberg i. Sa.	—	6,04	4,51	1,53	13,77	18	12
Mülheim a. Rh.	2798	4,95	1,42	3,53	5,66	16	10
Von 2 000 000 — 1 500 000 cbm Gesamtabgabe, 38 Gemeinden.							
Frankfurt a. M.	—	7,51	7,41	0,10	18,76	E. 18, A. 18, Mo. 15	
Zeitz	1700	6,90	1,60	5,30	6,6	18	10
Von 1 500 000 — 1 000 000 cbm Gesamtabgabe, 65 Gemeinden.							
Kötzschenbroda .	—	7,32	2,70	4,62	15,41	20	14
Emmerich . . .	—	5,15	1,01	4,14	6,76	15	10
Von 1 000 000 — 750 000 cbm Gesamtabgabe, 37 Gemeinden.							
Rudolstadt . .	794	7,01	3,6	3,41	17,7	17	14
Memmingen. .	732	7,74	2,45	5,29	7	25	15
Von 750 000 — 500 000 cbm Gesamtabgabe, 70 Gemeinden.							
Demmin . . .	—	5,14	3,50	1,64	15,5	19	13
Kempen a. Rh.	640	5,27	1,15	4,12	6	15	10
Von 500 000 — 300 000 cbm Gesamtabgabe, 57 Gemeinden.							
Dinslaken . .	364	6,50	6,50	—	17,7	20	12
Geldern . . .	483	5,88	0,76	5,12	6,6	15	10
Von 300 000 — 150 000 cbm Gesamtabgabe, 40 Gemeinden.							
Oederan . . .	—	6,33	—	—	18	20	15
Kolmar i. P. .	—	6,93	1,50	5,43	9	20	15
Unter 150 000 cbm Gesamtabgabe, 5 Gemeinden.							
Helmbrechts . .	—	—	14,00	—	32	—	—
Bietigheim . .	—	6,87	7,40	—	14,7	E. 20	

Xa. Gestehungskosten der Berliner

(Verwaltungsberichte

	1890	1891	1892	1893	1894	1895	1896	1897	1898	1899
Ausgaben für Kohlen und Feuerung . .	76,56	77,57	78,05	78,17	77,80	75,19	74,57	71,91	73,30	73,61
Einnahmen für Koks, Teer und Nebenprodukte	53,85	53,46	51,35	53,54	48,74	48,24	49,43	47,80	42,88	44,28
Kosten für Kohlen und Feuerung . .	22,71	24,11	26,71	24,63	29,06	26,95	25,14	24,11	30,42	29,33
Ausgaben für Reinigungsmaterialien.	0,13	0,11	0,13	0,09	0,18	0,13	0,09	0,09	0,23	0,06
Arbeitslohn	7,86	7,65	7,76	7,57	7,74	7,68	8,51	8,60	8,60	9,32
Fabrikationskosten .	30,70	31,87	34,60	32,69	36,98	34,76	33,74	32,80	39,25	38,71
Ausgaben für Ofenumbauten, Unterhaltung der Gebäude, Apparate, Steuern, Versicherung, Gehälter, Pensionen usw. .	18,18	18,70	19,28	20,20	22,22	22,09	20,52	23,96	23,14	22,76
	48,88	50,57	53,89	52,89	59,20	58,85	54,26	56,76	62,39	61,47
Amortisation und Zinsen	27,74	29,29	31,21	32,50	34,77	33,40	32,51	30,58	27,92	26,37
Summe d. Ausgaben	76,62	79,86	85,09	85,39	93,97	90,25	86,77	87,34	90,31	87,34

Xb. Selbstkosten verschiedener

Gas- u. Elektrizitätswerke mit einer nutzbaren Abgabe von Mill. cbm bzw. KW.-St.	Bruttoselbstkosten							
	pro cbm Gas	pro KW.-Std.-Strom	bei Elektrizitätswerken höher als bei Gaswerken		bei Gaswerken höher als bei Gaswerken mit über 10 Mill. Jahresabgabe		bei Elektrizitätswerken höher als bei Elektrizitätswerken mit über 10 Mill. Jahresabgabe	
	₰	₰	₰	%	₰	%	₰	%
über 10	8,45	13,35	4,90	58,0	—	—	—	—
5 —10	9,06	15,21	6,25	69,0	0,61	7,2	1,96	14,7
2 — 5	9,10	16,28	7,18	79,0	0,65	7,7	2,93	21,9
1 — 2	10,20	19,03	8,83	86,5	1,75	20,7	5,68	42,5
0,5— 1,0	11,38	18,12	6,74	59,2	2,93	34,6	4,77	35,7
0,1— 0,5	12,73	24,90	12,17	95,7	4,28	50,6	11,55	86,5
unter 0,1	—	39,12	—	—	—	—	25,77	193,0

Städtischen Gaswerke pro 1000 cbm Gas.

der Stadt Berlin.)

1900	1901	1902	1903	1904	1905	1906	1907	1908	1909	1910	1911	1912
80,99	85,01	76,96	73,82	70,76	69,86	70,96	74,34	80,67	65,70	66,96	57,98	58,99
54,45	49,17	39,49	41.16	41,50	41,86	48,31	51,86	55,94	46,42	45,24	40.23	44,82
26,54	35,85	37,47	32,66	29,25	28,00	22,65	22,48	24,74	19,28	21,72	17,75	14,17
0,24	0,08	0,17	0,27	0,25	0,27	0,27	0,37	0,60	0,47	0,38	0,36	0,46
9,83	10,05	9,78	9,31	8,63	8,77	8,76	9,30	8,78	8,10	7,52	7,86	7,45
36,61	45,98	47,42	42,24	38,13	37,04	31,68	32,15	34,12	27,85	29,62	25,97	22,08
22,82	23,76	24,93	25,15	24,82	26,90	29,21	32,66	35,21	37,29	35,21	39,64	39,39
59,43	69,74	72,35	67,39	62,95	63,94	60,89	64,81	69,33	65,14	64,83	65,61	61,47
25,44	24,69	26,44	21,34	19,21	18,00	21,84	20,69	21,17	23,13	22,39	20,49	22,32
84,87	94,43	98,79	88,73	82,16	81,94	82,73	85,00	90,50	88,27	87,22	86,10	83,79

Gas- und Elektrizitätswerke.

Gas- und Elektrizitätswerke mit einer nutzbaren Abgabe von Mill. cbm bzw. KW.-Std.	Nettoselbstkosten pro cbm Gas ₰	Nettoselbstkosten pro KW.-Std.-Strom ₰	Differenz der Nettoselbstkosten von Gas- und Elektrizitätswerken ₰	Differenz der Nettoselbstkosten von Gas- und Elektrizitätswerken %
über 10	5,93	6,62	0,69	11,6
5 —10	6,18	7,75	1,37	22,2
2 — 5	6,46	9,3	2,89	44,7
1 — 2	7,47	10,85	3,38	45,3
0,5— 1,0	6,14	10,44	4,30	70,0
0,1— 0,5	8,63	14,32	5,69	66,0
unter 0,1	—	22,70	—	—

XI. Produktion, Ausbeute und

Städte	Gasproduktion	Kohleverbrauch	Ausbeute an			
			Gas	Koks	Ammoniak	Teer
	1000 cbm	t	cbm	kg	kg	kg
Altona	13 606	46 704	292	666	—	48
Barmen	17 041	37 923	293	659	2,25	44
Berlin	295 238	800 937	325	710	2,55	47
Bochum	8 017	16 989	320	689	—	43
Braunschweig	8 453	26 630	317	700	—	48
Bremen	33 098	104 914	299	726	2,67	46
Breslau	43 908	136 536	299	749	2,67	55
Cassel	10 685	37 316	286	744	1,7	47
Charlottenburg	55 591	164 325	302	702	2,60	43
Cöln	48 524	137 307	351	738	1,88	47
Crefeld	12 456	38 281	304	739	2,24	47
Darmstadt	8 390	21 957	309	720	—	62
Dresden	53 788	159 339	312	690	—	54
Düsseldorf	32 945	103 365	311	717	2,49	41
Duisburg	8 946	25 962	344	740	3,26	50
Elberfeld	19 033	53 670	315	759	2,80	48
Essen	17 205	12 477	330	734	—	45
Freiburg i. Br.	7 037	19 816	332	682	1,09	72
Halle a. S.	10 632	31 348	339	769	—	45
Hamburg	102 279	299 099	326	705	130 l. Rohw.	48
Kiel	14 342	41 882	303	695	1,73	44
Königsberg	20 276	62 815	301	572	1,75	40
Leipzig	46 318	153 190	311	663	—	50
Lübeck	9 192	27 861	307	656	—	49
Magdeburg	18 605	51 250	356	737	2,40	50
Mannheim	14 104	46 664	302	686	2,34	54
München	36 225	107 757	336	670	1,80	47
Nürnberg	29 929	75 487	300	740	1,92	52
Neukölln	20 515	65 633	300	694	2,58	44
Stettin	12 322	36 950	280	837	1,48	49
Stuttgart	30 857	88 117	325	692	2,49	51
Wiesbaden	12 556	36 523	300	727	2,76	44
Würzburg	5 857	16 470	316	659	—	60
Zwickau	5 535	16 959	326	709	1,76	68

Reingewinn einiger deutscher Gaswerke.

Der Einnahmeüberschuß betrug in 1000 ℳ in den Jahren

1897/98	1900/01	1901/02	1902/03	1903/04	1904/05	1905/06	1906/07	1908/09
395	596	625	619	736	728	825	787	786
609	582	—	490	464	637	749	704	752
8540	10 242	6959	7275	8947	10 551	10 901	13 783	6315
226	234	247	239	375	394	348	398	203
230	225	190	251	259	302	365	422	273
710	806	531	640	946	1 441	1 620	1 681	1462
1121	1 250	993	310	1592	1 833	3 472	2 432	1936
—	228	265	301	356	337	425	464	481
855	1 072	1168	1441	1512	1 884	2 321	2 578	1849
1593	2 140	1770	1773	2013	1 951	2 326	2 276	1679
—	590	494	527	696	807	820	831	485
—	—	—	—	110	359	420	502	265
1403	2 256	1367	1940	1788	2 362	2 568	2 660	3068
747	983	671	1050	1153	1 049	1 382	1 756	1396
171	359	—	—	—	—	299	246	257
—	871	795	813	818	849	920	909	1005
326	556	497	—	575	593	604	738	479
247	331	335	340	343	489	422	413	391
325	—	—	360	397	426	472	489	594
2939	3 306	1887	3031	4117	5 011	5 123	4 021	4190
184	258	235	394	338	428	544	623	295
271	2	542	42	969	698	704	833	762
1251	1 352	1197	1322	1328	1 923	2 086	2 147	1429
182	207	—	279	312	365	397	452	464
753	780	798	901	945	1 009	1 094	1 115	754
459	440	462	578	698	744	687	757	444
—	856	1297	709	1079	1 640	1 687	1 992	1411
761	901	856	825	928	1 204	1 513	1 642	1280
—	—	—	122	262	605	747	949	821
382	284	473	—	—	757	846	834	804
—	524	280	330	423	596	890	904	523
437	435	529	435	533	586	592	698	—
206	204	241	183	301	300	374	316	201
—	—	146	180	293	265	315	330	270

XII a. Überschüsse der städtischen Gaswerke.

Städte	Von städtischen Gaswerken wurden in den folgenden Jahren folgende Beträge in 1000 ℳ an die Stadtkasse abgeliefert								
	1897/98	1900/01	1901/02	1902/03	1903/04	1904/05	1905/06	1906/07	1907/08
Barmen	622	588	—	500	500	639	741	710	
Berlin	4940	6463	3009	2699	4873	6515	6944	7650	
Braunschweig	212	211	184	251	267	305	281	367	
Bremen	643	863	407	213	586	967	1147	1226	
Cassel	—	204	233	244	291	273	352	393	
Charlottenburg	529	806	350	717	1158	1460	1745	2071	
Cöln	1098	1558	1187	1097	1428	1420	1715	1569	
Crefeld	—	—	—	—	—	—	487	544	
Dresden	1414	1552	1196	1732	2159	2321	2537	2606	
Elberfeld	—	770	788	853	899	938	919	1030	
Görlitz	214	178	—	198	231	252	258	—	
Halle	318	—	—	—	—	—	—	—	
Kiel	47	83	—	—	134	164	279	315	
Leipzig	549	773	749	805	1035	1125	1310	1353	
Magdeburg	547	550	560	615	654	653	727	754	
Mannheim	389	355	160	258	365	403	350	410	
München	—	1198	1032	955	1073	1258	1393	1487	
Nürnberg	665	793	733	722	850	1096	947	963	
Plauen i. V.	100	100	120	120	120	180	200	240	
Stettin	326	—	415	—	—	632	650	622	
Stuttgart	—	—	173	215	294	408	564	620	
Würzburg	—	—	—	98	153	—	194	—	

XII b. Überschüsse der privaten Gaswerke.

Städte	Von privaten Gaswerken wurden in den folgenden Jahren folgende Beträge in ℳ an die Stadtkasse abgeliefert									
	1890/91	1896/97	1900/01	1901/02	1902/03	1903/04	1904/05	1905/06	1906/07	1907/08
Aachen	118581	110642	149936	151889	155936	158471	164663	171605	177917	
Augsburg	76572	—	—	—	—	—	—	—	—	
Berlin	—	467614	—	—	—	—	—	—	566682	
Cöln	—	12000	—	—	—	—	—	—	—	
Dortmund	—	—	37747	54518	37559	35455	40160	40160	41858	
Erfurt	—	—	30484	—	—	—	—	36422	—	
Frankfurt a. Main	177048	200850	270663	270663	309887	306752	333025	—	353103	
Frankfurt a. d. Oder	—	10000	—	—	—	—	—	—	—	
Hamburg	2631516	—	—	—	—	—	—	—	—	
Hannover	215846	428243	—	—	—	—	—	—	—	
Metz	52631	—	—	—	—	—	—	—	—	
München	—	48000	—	—	—	—	—	—	—	
Potsdam	18555	—	—	—	—	—	—	—	—	
Schöneberg	—	—	111080	—	—	152615	181519	205844	239049	
Stettin	—	—	—	—	—	—	—	2000	2000	
Stuttgart	238312	—	—	—	—	—	—	—	—	

XIII. Arbeiterleistungen 1902 und 1907.

Stadt	1902			1907		
	Gasproduktion 1000 cbm	Zahl der Arbeiter	Produktion pro Arbeiter cbm	Gasproduktion 1000 cbm	Zahl der Arbeiter	Produktion pro Arbeiter cbm
Altona	—	125	—	—	186	—
Barmen	11 007	235	46 838	15 796	146	108 195
Braunschweig . .	6 126	95	64 486	8 451	82	103 067
Bremen	17 474	598	29 220	28 697	634	45 263
Breslau	24 065	396	60 771	38 535	443	86 986
Cassel	6 771	126	53 740	10 166	158	64 341
Charlottenburg .	28 028	297	94 370	46 366	663	69 934
Chemnitz	11 341	188	60 323	17 663	257	68 730
Cöln	36 879	1075	34 306	46 732	1147	40 743
Dresden	33 565	677	49 579	48 753	766	63 647
Düsseldorf . . .	20 857	514	40 577	28 370	528	53 731
Elberfeld	15 884	276	57 552	18 674	222	84 114
Essen	8 190	—	—	13 107	333	39 359
Freiburg i. Br. .	4 206	86	48 905	6 022	128	47 049
Görlitz	—	106	—	—	129	—
Halle a. S. . . .	8 474	207	40 938	10 341	355	29 129
Karlsruhe . . .	11 059	291	38 003	13 864	283	48 991
Kiel	7 296	92	79 304	12 820	226	56 724
Königsberg . . .	10 100	383	26 372	17 799	530	33 584
Leipzig	26 412	561	47 079	36 604	580	63 111
Lübeck	4 791	137	34 971	7 399	154	48 045
Magdeburg . . .	14 841	—	—	17 123	310	55 237
Mannheim . . .	9 925	324	30 632	13 536	469	28 861
München	17 642	408	43 259	27 647	531	52 066
Nürnberg . . .	16 032	409	39 198	24 647	271	90 948
Plauen	5 575	181	30 802	9 553	185	51 638
Posen	6 586	189	34 847	10 108	152	66 501
Stuttgart . . .	—	256	—	22 697	481	47 186
Wiesbaden . . .	7 860	—	—	11 737	306	38 357

XIV. Geschäftsergebnisse der wirtschaftlichen Vereinigung [1].

Jahr	Anzahl der Gesellschaftswerke	Jahresgaserzeugung	Gaskoks					Teer		
			Gesamterzeugung	im Fernabsatz verkauft	abgesetzte Mengen	Wert der abgesetzten Mengen	Wert pro t	abgesetzte Mengen	Wert	Wert pro t
		cbm	t	t	t	ℳ	ℳ	t	ℳ	ℳ
1904/05	81	—	—	—	—	—	—	—	—	—
1905/06	97	395 000 000	714 611	182 815	200 895	3 102 675,08	15,37	596	14 109,18	23,67
1906/07	107	481 518 769	807 150	217 440	239 928	4 014 298,87	16,73	8 302	206 268,20	24,85
1907/08	122	549 237 397	991 717	273 842	293 972	5 281 719,66	17,97	27 953	660 710,25	23,64
1908/09	144	578 508 535	1 199 673	293 615	306 473	5 569 427,30	18,11	58 884	1 312 481,50	22,29

Geschäftsergebnisse der wirtschaftlichen Vereinigung (Fortsetzung).

Jahr	Ammoniak		Retortengraphit			Ausgebrauchte Gasreinigungsmasse		Gesamtjahresumsatz	
	abgesetzte Mengen	Wert	abgesetzte Mengen	Wert	Wert pro t	abgesetzte Mengen	Wert	in	in
	t	ℳ	t	ℳ	ℳ	t	ℳ	t	ℳ
1904/05	—	—	—	—	—	—	—	—	—
1905/06	—	—	—	—	—	—	—	261 491	3 119 784,26
1906/07	521	43 856,02	281	13 232,59	47,09	596	10 481,76	249 628	4 288 137,44
1907/08	2924	214 745,36	704	40 268,20	57,20	2704	51 740,37	328 257	6 249 183,84
1908/09	7888	648 490,61	723	42 018,23	58,12	3229	71 108,36	377 197	7 643 526,00

[1] Die Zahlen für die folgenden Jahre wurden leider nicht bekanntgegeben.

FSC
www.fsc.org
MIX
Papier | Fördert gute Waldnutzung
FSC® C083411

Kolibri 360 GmbH
Ferdinand-Jühlke-Straße 7
99095 Erfurt, Deutschland
produktsicherheit@kolibri360.de

Druck:
CPI Druckdienstleistungen GmbH
im Auftrag der
Kolibri 360 GmbH
Ferdinand-Jühlke-Str. 7
99095 Erfurt